E

Jan Gympel

Die schönsten Bahnhöfe Deutschlands

INHALTSVERZEICHNIS

Einleitung 6
Norddeich Mole 12
Bremen Hbf. mit Lloyd-Bahnhof 14
Cuxhaven mit Amerikabahnhof 18
Hamburg-Altona 22
Hamburg Hbf. 26
Kiel Hbf. 32
Uelzen 36
Braunschweig Hbf. 40
Berlin Ostkreuz 42
Berlin Friedrichstraße 48
Berlin Hamburger Bahnhof 54
Berlin Hbf. 58
Berlin Zoologischer Garten 62
Potsdam Park Sanssouci 68
Leipzig Hbf. 72
Leipzig Wilhelm-Leuschner-Platz 78
Dresden Hbf. 80
Dresden-Neustadt 86
Chemnitz Hbf. 90
Zwickau Hbf. 94
Meiningen 98
Kassel Hbf. 100
Frankfurt (Main) Hbf. 104

Frankfurt (Main) Flughafen Fernbahnhof	110	Stuttgart Hbf.	134	Rolandseck	156
Wiesbaden Hbf.	114	Augsburg Hbf.	138	Köln Hbf.	160
Darmstadt Hbf.	118	München Hbf.	140	Bochum Hbf.	164
Ludwigshafen Hbf.	122	Oberstdorf	146	Hagen Hbf.	168
Heidelberg Hbf.	126	Lindau Hbf.	148	Hamm Hbf.	172
Pforzheim Hbf.	130	Baden-Baden (alter Bahnhof)	152	Bildnachweis	176

Impressum

Umschlagmotiv: © akg-images/euroluftbild.de/Hans Blossey

Gestaltung und Satz: Mario Zierke, Berlin

Printed in Slovenia
ISBN 978-3-96201-042-3

www.elsengold.de | www.wasmitgeschichte.de

Abendstimmung am Bahnhof Friedrichstraße in Berlin

Einsteigeschuppen, Kathedralen, Konsumtempel

—

Die Entwicklung der Bahnhöfe in Deutschland

Nur wenige Erfindungen krempelten die Welt so vollständig um wie die Eisenbahn. Sie war nicht nur eine wesentliche Triebkraft der Industriellen Revolution und der gesellschaftlichen Umwälzungen, die diese mit sich brachte, sondern sorgte auch für eine völlig neue Wahrnehmung von Raum und Zeit.

Das Reisen auf dem Landweg war bis dahin langsam, wenig komfortabel und oft nur ein Privileg einiger Weniger gewesen. Wer nicht zu Fuß ging oder auf dem eigenen Pferd ritt, holperte mit der Kutsche oder einem anderen Wagen über schlecht ausgebaute Wege, die häufig nicht einmal gepflastert waren. Natürlich wurde das Reisetempo dabei wesentlich mitbestimmt von der Leistungsfähigkeit der Zugtiere.

An all dem hatte sich seit der Erfindung des Rades eigentlich nichts geändert. Nun (in Deutschland beginnend mit der 1835 eröffneten Strecke zwischen Nürnberg und Fürth) kam ein Verkehrsmittel, das viel größere Mengen an Menschen und Waren transportieren konnte, und das in nie zuvor gekanntem, rasch immer größer werdendem Tempo.

So brauchte der erste Zug zwischen Berlin und Hamburg 1846 neun Stunden und 15 Minuten. Das entsprach einer Reisegeschwindigkeit von 39,9 km/h. Legendär ist die Aussage eines Arztes, der warnte, bei einem solchen Tempo wären Hirnschäden für die Reisenden unvermeidlich. Die Postkutsche bot damals laut Fahrplan eine Reisegeschwindigkeit von 7,2 km/h, als Schnellpost 9,3 km/h.

So wurde die Welt immer kleiner und für viele Menschen Mobilität überhaupt erst ermöglicht. Wie alle großen Veränderungen führte auch diese zu euphorischen Erwartungen ebenso wie zu Ängsten. Dabei orientierte sich das Neue zunächst am Vertrauten: Die ersten Eisenbahnwagen sahen aus wie eine Reihe von Fahrgastkabinen von Kutschen, die man auf ein

Fahrgestell montiert hatte. Während man von offenen Wagen schnell abkam, dauerte es mancherorts mehr als ein Jahrhundert, bis sich die Bahn von dem Konzept reiner Abteilwagen ohne Seitengang, das aus diesen Anfängen hervorgegangen war, löste.

Die (End-)Stationen der zunächst nur relativ kurzen Bahnstrecken nannte man „Bahnhof" nach dem Posthof, der Haltestelle der Postkutschen. Das Vorbild wurde bei manchen Bahnhöfen anfangs so ernst genommen, dass man die Schienenzufahrt mit einem Zaun versah, dessen Tor man wieder verschloss, wenn der Zug die Station erreicht oder verlassen hatte.

Da zunächst nur einzelne Strecken gebaut wurden, die keine Verbindung miteinander hatten, waren die Endstationen zwangsläufig Kopfbahnhöfe (auch „Sackbahnhöfe" genannt). Beliebt war bei ihnen die Trennung in eine Ankunfts- und eine Abfahrtsseite: Mindestens zwei Gleise benötigte man sowieso, um die Lokomotive vom einen Ende des Zuges an das andere umsetzen zu können. Erkennbar ist dies bis heute etwa beim 1842 eröffneten Bayerischen Bahnhof in Leipzig, durch dessen Portikus bis zur oberirdischen Stilllegung dieser Station 2001 auch noch Gleise und sogar Oberleitungen führten. Vor dem Portikus befand sich anfangs, hier wie andernorts, eine Drehscheibe, mit der die Lok gewendet wurde.

Zuweilen wurden die kleinen, mancherorts hölzernen Empfangsgebäude anfangs nur als „Personeneinsteigeschuppen" bezeichnet. Dennoch erwarteten die Fahrgäste vor allem auf der Abfahrtsseite der Bahnhöfe ein gewisses Serviceangebot, das sie vom Posthof gewohnt waren: einen Wartesaal, Gastronomie und selbstverständlich Toiletten. Die Bahn selbst benötigte einen Raum für den Fahrkartenverkauf. Gesonderte Schalter und Räume waren auch für den Gepäcktransport notwendig. Weder wären die Menschen damals auf die Idee gekommen, große Gepäckstücke selbst durch die Gegend zu schleppen, noch war die Bahn daran interessiert, dass diese Sitzplätze blockierten oder Fahrgäste behinderten oder gefährdeten.

Die gegenüber den Postkutschen sehr viel höhere Fahrgastzahl führte natürlich auch zu größeren Gepäckmengen, zumal es nun immer leichter und erschwinglicher wurde, auch längere Reisen zu unternehmen. Hinzu kamen andere Güter, deren Zahl aber rasch so sehr wuchs, dass ihre Abfertigung selbst in kleineren Bahnhöfen vom Personenverkehr getrennt wurde. Eine Ausnahme bildete das Eilgut.

Da die Fahrgäste damals anspruchsvoll waren, schützte man auf größeren Stationen die Bahnsteige bald durch Hallen vor Wind und Wetter. Wegen des Qualms der Dampflokomotiven lag es nahe, diese Hallen möglichst hoch auszuführen. Ein beeindruckendes Bild ergab sich so von selbst und auch ein weiteres neues Raumerlebnis: Derart große, teils sogar stützenfrei überspannte Räume, wie sie viele Bahnsteighallen boten, hatte es zuvor allenfalls in Gotteshäusern gegeben. Aber auch deren Dimensionen wurden von den „Kathedralen der Eisenbahn", die man auch als „Kathedralen des Industriezeitalters" betrachtete, bald übertroffen.

Denn fuhren auf einer Strecke zunächst nur wenige Züge am Tag, so wuchs der Verkehr schnell stark an, zumal aus den einzelnen Strecken ein Netz entstand. Und mit dem Wandel der Wirtschaft und der Gesellschaft wuchsen auch die Bevölkerungszahlen der industrialisierten Länder und deren Städte.

Üblicherweise hatte man die Eisenbahn als etwas Fremdes, Neues, das vielen auch als (feuer-)gefährlich und schmutzig erschien, zunächst vor die Tore der Stadt verbannt. Auch die großen Endbahnhöfe entstanden in der Regel auf freiem Feld. Doch schon nach kurzer Zeit wuchsen die Städte erst in Richtung ihrer Bahnhöfe und dann um diese herum. Das Vorfeld großer Bahnhöfe, das sich ebenfalls ausdehnte oder bereits ausgedehnt hatte, bildete dann nicht selten eine breite Schneise, die sich durch die Stadt zog. Auch dieser Flächenverbrauch machte die Bedeutung des Verkehrsmittels deutlich.

In Deutschland trug die Eisenbahn zudem zur Überwindung der Kleinstaaterei bei: Die ganz zu Anfang noch gepflegte Konkurrenz zwischen einzelnen Ländern wich der Einsicht, dass Fortschritt und wirtschaftliche Entwicklung nur durch gemeinsames Handeln gefördert werden. Während manche Staaten wie Baden oder Bayern schon früh selbst Bahnen bauten und betrieben, blieb man in dem Deutschland bald dominierenden Preußen in dieser Hinsicht zunächst zurückhaltend. Dort engagierte sich der Staat fast nur, wenn privates Unternehmertum an einer Bahnstrecke scheiterte (wie bei der Berliner Stadtbahn) oder kein Interesse zeigte (wie bei der Preußischen Ostbahn). Dies änderte sich, nachdem der deutsche Sieg im 1870/71 geführten Krieg gegen Frankreich auch auf die schnellere Mobilisierung zurückgeführt wurde, die durch ein besser ausgebautes Eisenbahnnetz möglich geworden war. Zwar scheiterte die Gründung einer Reichsbahn noch am Widerstand kleinerer Länder. Aber in den 1880er-Jahren brachte auch in Preußen der Staat systematisch alle großen Eisenbahnstrecken in seine Hand und ersetzte privatwirtschaftlich organisierte Bahngesellschaften durch eine Behörde, die fortan den Betrieb führte, als so wichtig wurde das Verkehrsmittel nun betrachtet.

In Berlin hatte man schon in den 1870er-Jahren begonnen, die kleinen alten Kopfbahnhöfe durch größere, repräsentativere zu ersetzen, die auch die Bedeutung der Eisenbahn besser ausdrücken sollten. In anderen Städten wichen die alten Stationen oftmals einem anfangs „Centralstation" oder „Centralbahnhof" genannten größeren Hauptbahnhof. Mancherorts (wie in Hamburg, Darmstadt oder Köln) wurde dieser als Durchgangsstation ausgeführt. Dagegen hielt man etwa in Frankfurt am Main, Wiesbaden oder Leipzig am Konzept des Kopfbahnhofs bewusst fest, obwohl dies zu einer Zeit, in der fast alle Züge von Lokomotiven gezogen wurden, betrieblich von Nachteil war.

Die zweite Hälfte des 19. Jahrhunderts war geprägt von der Architektur des Historismus. Auch sie war eine direkte Reaktion auf die Industrialisierung und die Umwälzungen, die sie mit sich brachte: Man suchte Zuflucht in historischen Baustilen, die man zitierte, miteinander vermengte, aber nur selten kreativ weiterentwickelte. All dies galt auch und gerade für völlig neue Bauaufgaben wie Bahnhöfe.

Bezeichnend wurde, insbesondere bei großen Stationen, der Gegensatz zwischen „Palast" und „Fabrik": Dieser drückte sich darin aus, dass man zur Stadt hin ein prachtvolles Empfangsgebäude errichtete, bei dem man sich gerne der Formen der Renaissance oder des Barock (also des 15. bis 18. Jahrhunderts) bediente und das nicht unbedingt als Bahnhof zu erkennen sein musste. Dagegen zeigte die Bahnsteighalle in der Regel neuartige Ingenieursarchitektur, aus Glas und dem als „unecht", also ästhetisch minderwertig erachteten Baustoff Eisen, und wies mit all dem in die Moderne.

Insbesondere bei Kopfbahnhöfen wurde die Bahnsteighalle nur relativ selten zu einem bestimmenden Element der Fassade gemacht. So etwa beim Anhalter Bahnhof in Berlin, bei dem sämtliche Hallenwände allerdings gemauert waren. Typisch war bis ins 20. Jahrhundert hinein, dass eine eiserne Halle hinter dem Empfangsgebäude mehr oder weniger verborgen blieb, wie die Hauptbahnhöfe von Kiel und Wiesbaden zeigen.

In der Zeit zwischen den Weltkriegen entstanden in Deutschland nur wenige große Bahnhofsneubauten (Ausnahmen gab es etwa in Zwickau oder in Düsseldorf). Die vorhandenen Anlagen waren noch relativ neu, die wirtschaftliche Lage allgemein und jene der 1920 gegründeten Deutschen Reichsbahn im Besonderen blieb fast die gesamte Zeit hindurch eher schwierig. Die Nazis machten gigantische Pläne und brachten am Ende nur ein nie dagewesenes Ausmaß an Zerstörung. Obwohl sie einerseits weiter auf die Bahn als Hauptträger des Fernverkehrs über Land setzten, leiteten sie zugleich mit dem forcierten Bau von Autobahnen und der Idee des „Volkswagens" die Massenmotorisierung ein.

Diese wurde im ungeahnten wirtschaftlichen Aufschwung, der Ende der 1940er-Jahre begann, zum Symbol für den wachsenden Wohlstand, für den noch immer euphorisch begrüßten technischen Fortschritt, auch für Freiheit durch unbegrenzte individuelle Mobilität. Die Eisenbahn sah dagegen buchstäblich alt aus. Erst recht galt dies für den Vergleich zum Flugzeug, das allmählich zum Massenverkehrsmittel wurde und nicht nur schneller war, sondern ebenfalls als moderner galt und dazu noch als ungemein schick.

Angesichts der ökonomischen Rahmenbedingungen im sozialistischen Staat blieb die Deutsche Reichsbahn der DDR im Fernverkehr von herausragender Bedeutung. Zu diesen Bedingungen gehörte allerdings auch, dass kaum große Bahnhofsneubauten entstanden. Der Wiederaufbau des Leipziger Hauptbahnhofs war ein Kraftakt, der Neubau der Bahnsteighalle in Chemnitz eine Ausnahme. Selbst die Hauptstadt (Ost-)Berlin musste sich bis in die 1980er-Jahre hinein mit Provisorien begnügen.

Die Deutsche Bundesbahn hingegen fuhr bald angesichts der neuen Konkurrenz von Auto, Flugzeug und Lkw immer tiefer in die roten Zahlen. Der Versuch, sich „gesundzuschrumpfen", also Strecken stillzulegen und den Service einzuschränken, verschlimmerte die Situation noch. Modernisierungen wurden nur halbherzig betrieben. Der seit den späten 1960er-Jahren geplante Bau von Schnellfahrstrecken führte erst zwei Jahrzehnte später zu konkreten Ergebnissen.

Große Bahnhofsneubauten entstanden vor allem dort, wo man schon vor dem Krieg geplant hatte, den Hauptbahnhof zu verlegen, wie in Heidelberg, Bochum oder Braunschweig. Wo die alte, kriegsbeschädigte Station durch einen Neubau an gleicher Stelle ersetzt wurde, wie in Essen oder München, stieß dieser langfristig auf wenig Begeisterung.

Als zum Jahresbeginn 1994 die Deutsche Bahn AG an die Stelle von Bundes- und Reichsbahn trat, gehörte es zu ihren Aufgaben, das Image der Bahn aufzumöbeln und ihren Betrieb wieder rentabel zu machen. Schließlich sollte das staatseigene Privatunternehmen, dem neoliberalen Zeitgeist entsprechend, mittelfristig an die Börse gebracht, also verkauft werden.

Von der weißen Lackierung der Intercity- und ICE-Züge über die bald vorherrschenden Großraumwagen bis hin zur Sprache orientierte sich die Bahn fortan am Flugzeug. Im Bemühen, alles zu „optimieren", wurde das Schienennetz konsequent verkleinert und weniger flexibel gemacht. Möglichst große innerstädtische Flächen (insbesondere Werkstätten, Güter- und Rangierbahnhöfe) gab die Bahn auf und verkaufte sie.

Gleiches geschah mit den Empfangsgebäuden kleiner und auch vieler mittelgroßer Stationen. Glücksfälle waren die Umnutzung zu kulturellen Zwecken wie in Rolandseck, Baden-Baden oder Kassel oder das Engagement von Bürgerinitiativen wie in Leutkirch oder Cuxhaven. Wo sich kein Käufer fand, kam häufig die Abrissbirne.

Für die großen Bahnhöfe, die oft zu lange nicht renoviert und zu sozialen Brennpunkten geworden waren, folgte man dem Konzept, das die Bundesbahn schon in den 1970er-Jahren in Hamburg-Altona angewandt hatte: Umwandlung in ein Einkaufszentrum. Allerdings nicht mehr wie damals mit einem brutalen Kahlschlag, zumal sich der Zeitgeschmack geändert hatte: Nun renovierte man sorgfältig die prachtvolle historische Hülle, höhlte sie aber in der Regel weitgehend aus.

So zog sich die Bahn auch in ihren eigenen Gebäuden zurück, gab Diensträume, Fahrkartenschalter und Wartesäle auf sowie die Gepäck- und Eilgutabfertigung und all die Flächen, die dafür notwendig gewesen waren. Beim Konzept des vielbeschworenen „Einkaufszentrums mit Gleisanschluss", erstmals 1991 exemplarisch umgesetzt im Hamburger Hauptbahnhof, sollte einerseits die hohe Zahl von Fahrgästen den Gewerbemietern Kundschaft sichern, andererseits die zum Einkaufen in den Bahnhof Strömenden diesen beleben und ungeliebtes Milieu vertreiben.

Dies alles nannte sich dann im Marketing der Deutschen Bahn „Revitalisierung", gar „Renaissance der Bahnhöfe". Man konnte sich nicht genug loben für die enormen Investitionen, die hierfür vorgenommen wurden. Doch an anderen Stellen zeigte und zeigt man sich ungeheuer knauserig. So wird eine vollständige Überdachung von Bahnsteigen selbst bei stark frequentierten innerstädtischen Stationen als überflüssiger Luxus erachtet. Sogar bei einem Prestigebau wie dem Berliner Hauptbahnhof lässt die Bahn heute einen Teil ihrer Fahrgäste buchstäblich im Regen stehen.

Ein Regionalexpress am Haltepunkt Norddeich Mole

NORDDEICH MOLE

Laut Eisenbahn-Bau- und Betriebsordnung ist Norddeich Mole gar kein Bahnhof, sondern nur ein Haltepunkt. An Bahnhöfen im eisenbahnrechtlichen Sinne kann nämlich rangiert werden, und dazu bedarf es mindestens einer Weiche. Und natürlich eines zweiten Gleises. Norddeich Mole besteht aber lediglich aus einem einzigen Ausziehgleis, also einem Schienenstrang, der etwas aus einer größeren Bahnanlage herausragt. Im vorliegenden Falle um wenige Hundert Meter aus dem Bahnhof Norddeich (wobei Norddeich auch nur ein Teil der ostfriesischen Küstenstadt Norden ist) auf eine schmale, in den Hafen hineinragende Landzunge – eben die Mole. 1892 wurde die Bahnstrecke fertiggestellt, um allen voran Touristen einen möglichst kurzen Umsteigeweg zu bieten. Denn das staatlich anerkannte Nordseeheilbad in der äußersten Nordwestecke Deutschlands ist weniger beschaulicher Erholungsort als vielmehr wichtiger Verkehrsknotenpunkt mit entsprechendem Betrieb: Vor allem die Fähren von und zu den Nordfriesischen Inseln Norderney und Juist ankern gleich neben dem Haltepunkt Norddeich Mole.

Den Weg vom Bahnhof Norddeich hierhin legen die Züge im Schritttempo zurück, wie es bei der Einfahrt in Kopfbahnhöfe aus Sicherheitsgründen Vorschrift ist. Der Haltepunkt Norddeich Mole wird nicht nur von der Regionalbahn bedient, sondern täglich auch von mehreren Intercity-Zügen: Direktverbindungen bestehen bis nach Leipzig, Berlin, Cottbus und Köln, Bonn und Koblenz. Einzelne Züge fahren bis zum Bodensee.

Begeistern dürfte Eisenbahnfans ein Angebot im nicht weit entfernten Bahnhof Norden: Dieser ist unter anderem Ausgangspunkt der Museumseisenbahn Küstenbahn Ostfriesland. Sie führt über ein 17 Kilometer langes Teilstück der ehemaligen Strecke zwischen Emden und Wilhelmshaven bis nach Dornum. Der Verein, der heute hier an einigen Tagen im Jahr Fahrten anbietet, betreibt auch ein Museum im 1883 fertiggestellten Lokschuppen des ehemaligen Bahnbetriebswerks Norden (www.mkoev.de).

Bahnsteighalle des Bremer Hauptbahnhofs

BREMEN Hbf. mit Lloyd-Bhf.

Noch darf in Theatern geraucht werden, wenn dies auf der Bühne geschieht und durch den Inhalt der Aufführung begründet ist. Aber gilt dies auch für Bilder? Zumal wenn diese zu Reklamezwecken angebracht wurden und auf ihnen groß der Schriftzug „Brinkmann Tabak" prangt? Diese Frage stellt sich im Bremer Hauptbahnhof, denn in seiner Empfangshalle, über dem Zugang zu den Bahnsteigen, hängt ein großes dreiteiliges Wandmosaik von Alexandre Noskoff. In stilisierter Form zeigt es die Ernte des Tabaks in Übersee (Darstellungen, die zudem möglicherweise politisch nicht mehr korrekt sind) und wie dieser nach Bremen gelangt. Angebracht wurde es 1957, als Gegenleistung für die Unterstützung durch die Martin Brinkmann AG bei der Renovierung des Bahnhofs. Allzu lange währte die Dankbarkeit (oder das Kompensationsgeschäft) aber offenbar nicht, denn schon im darauffolgenden Jahrzehnt verschwand das Bild für lange Zeit hinter einer anderen Reklame.

Das Bild, das inzwischen ein Stück Zeitgeschichte und Kunst geworden ist und damit vor inhaltlichen Säuberungen bewahrt sein könnte, ist im Bremer Zusammenhang fast schon eine Extravaganz. Übt sich der Hauptbahnhof doch ansonsten architektonisch in Bescheidenheit, was besonders deutlich wird, wenn man ihn mit seinem „Kollegen" in Bremens großem Rivalen Hamburg vergleicht. An der Weser bediente man sich zwar Renaissanceformen, begnügte sich aber mit einer Ziegelfassade. Die Bahnsteighalle überspannt nur sieben Gleise, zwei weitere liegen außerhalb.

Eisenbahnanschluss hatte Bremen Ende 1847 erhalten: Von Wunstorf aus war ein Abzweig der kurz zuvor eröffneten Strecke Hannover-Minden gebaut worden. Betreiber waren hier wie dort die Königlich Hannöverschen Staatseisenbahnen. Die Trasse in die Freie Hansestadt Bremen hatte selbige mitfinanziert. Genauso hielt man es bei der Anfang 1862 eröffneten Verlängerung ins heutige Bremerhaven, die später ins noch weiter nördlich gelegene Cuxhaven weitergeführt wurde. Mit ihr entstand auch ein kurzer Abzweig nach

Totalansicht des Hauptbahnhofs. Postkarte, abgestempelt 1916

Vegesack. Gleich westlich des heutigen Hauptbahnhofs errichtete man in Bremen den schmucken Hannoverschen Bahnhof, auch „Staatsbahnhof" genannt. An ihn wurde ferner die Strecke nach Oldenburg angeschlossen, die 1867 in Betrieb ging. 1873 kam die Verbindung nach Uelzen hinzu, die in Langwedel von der Strecke nach Hannover abzweigte. Da das Königreich Hannover 1866 von Preußen annektiert worden war, lag sie vollständig in preußischem Gebiet. Gebaut hatte sie jedoch die Bremische Staatsbahn, da die Hansestadt eine kürzere Verbindung zu Berlin schaffen wollte. Ausschlaggebend dafür war natürlich vor allem der anschließende Schiffsverkehr, und so galt diese Bahnstrecke denn auch als Teil der „Amerikalinie".

1883 verkaufte Bremen seine Staatsbahn, die außer auf kurzen Güterstrecken nie eigenen Verkehr betrieben hatte, sowie seinen Anteil am vormals hannoverschen Eisenbahnnetz an Preußen. Zehn Jahre zuvor war in Bremen der Hamburger oder Venloer Bahnhof eröffnet worden, an der Stelle der heutigen Stadthalle, gleich neben dem Hannoverschen Bahnhof. Da dieser inzwischen die Grenze seiner Kapazität erreicht hatte, richtete man den Hamburger/Venloer Bahnhof, der eigentlich nur dem Güterverkehr dienen sollte, provisorisch auch für Personenzüge her. Die Köln-Mindener Eisenbahn-Gesellschaft baute damals eine Verbindung zwischen der niederländischen Grenzstadt Venlo und Hamburg. Obwohl dieses östlich von Bremen liegt, ist die Strecke dorthin bis heute über eine fast halbkreisförmige Kurve von Westen her an den Bremer Hauptbahnhof angebunden.

Durch diese Streckenführung, die ursprünglich entlang der Neukirch- und Innsbrucker Straße verlief (wo sie 1900–54 von der schmalspurigen Kleinbahn Bremen-Tarmstedt genutzt wurde), wurde ein „Kopf-Machen" in Bremen vermieden. Da die Stadt wie Hamburg um ihres Hafens willen erst 1888 Teil des deutschen Zollgebiets wurde, baute die Hamburg-Venloer Bahn südwestlich der damaligen Bremer Grenze eine gradlinige Umgehung, die ausschließlich für Güter vorgesehen war. Noch immer kreuzt diese Trasse in Bremen-Mahndorf jene nach Hannover, ohne dass die beiden miteinander verbunden wurden.

Das Wandmosaik zeigt, wie der Tabak in Übersee geerntet wird und nach Bremen kommt.

Der ehemalige Lloyd-Bahnhof steht seit 2001 unter Denkmalschutz.

Pläne für den Bau eines neuen, größeren Gemeinschaftsbahnhofs vereitelte zunächst die langanhaltende Wirtschaftskrise, die nach dem „Gründerkrach" von 1873 hereingebrochen war. Nachdem man zunächst einen anderen Standort ins Auge gefasst hatte, entstand der „Centralbahnhof", wie man ihn anfangs nannte, gleich östlich des Hannoverschen Bahnhofs. Dieser wurde 1885, zu Beginn der Arbeiten, abgerissen, der gesamte Verkehr lief über den Hamburger/Venloer Bahnhof. Auch dieser verschwand, nachdem der Neubau Ende 1889 eröffnet worden war. Dessen Architekt Hubert Stier schuf unter anderem auch die Hauptbahnhöfe in Hannover und in dem heute zu Hamburg gehörenden Harburg sowie den Kleinstadtbahnhof Uelzen. In Bremen tragen die Ecktürme die Wappen von Hannover, Bremen, Hamburg und Köln. Während im Inneren des Empfangsgebäudes im Laufe der Jahre viele Umbauten erfolgten, zeigt sein Äußeres im Wesentlichen noch das ursprüngliche Bild. Auch die Bahnsteighalle ist gut über die Jahrzehnte gekommen, ursprünglich war ihr Dach jedoch verglast.

Um die Jahrtausendwende wich ein um 1900 entstandenes gesondertes Empfangsgebäude für den Auswandererverkehr nach Bremerhaven dem Intercity-Hotel. Etwa zeitgleich entstand der Nordausgang zur Bürgerweide. Gleich östlich von ihm zeugt der ehemalige Lloyd-Bahnhof, den Rudolf Jacobs 1913 schuf, noch immer von Bremens einstiger Bedeutung für den Passagierverkehr nach Amerika. Benannt nach der Reederei Norddeutscher Lloyd, deren riesiges Wappen über dem Eingang an der Ecke Theodor-Heuss- und Gustav-Deetjen-Allee prangt, wird das neobarocke Gebäude heute von Büros und einem Hotel genutzt.

Den stillgelegten Güterbahnhof gleich nordwestlich des Hauptbahnhofs haben hingegen Künstler übernommen: Der „Verein 23 e.V." ist seit 2009 Generalmieter des 36 000 Quadratmeter großen Geländes und bietet Arbeits-, Probe- und Produktionsräume für Kunst- und Kulturschaffende aller Sparten sowie diverse Ausstellungs- und Veranstaltungsorte an.

Der renovierte „Bürgerbahnhof" im Oktober 2019

CUXHAVEN mit Amerikabahnhof

Als zum Jahresbeginn 1994 die Deutsche Bahn AG ihre Arbeit aufnahm, ging es nicht nur darum, die Deutsche Bundesbahn der alten Bundesrepublik und die Deutsche Reichsbahn der bereits seit mehr als drei Jahren nicht mehr existierenden DDR zusammenzuführen. Mindestens ebenso wichtig war die wirtschaftliche Sanierung. Während in der DDR solche Erwägungen nur begrenzt eine Rolle gespielt hatten – der volkswirtschaftliche Nutzen des Bahnbetriebs genoss Vorrang vor dem betriebswirtschaftlichen –, war die Bundesbahn seit Jahrzehnten immer tiefer in die roten Zahlen gefahren. Doch während man nun auf in Deutschland bis dahin unbekannte Weise versuchte, das Bahnfahren attraktiver zu machen, ging es auf anderen Feldern weiter wie bisher, etwa mit Streckenstilllegungen. Zudem begann die Bahn, systematisch ihre Immobilien zu verwerten. In großem Maßstab wurden Stationsgebäude verkauft oder, wo sich kein Interessent fand, abgerissen.

Zu einer ungewöhnlichen Lösung kam es in Cuxhaven. In dem Nordseeheilbad an der Elbemündung hatte sich eine Bürgerinitiative für den Bahnhof gebildet. Obwohl die Bahn nach langem Drängen die Bahnsteige renovierte, blieb sie an dem seit Langem vernachlässigten Empfangsgebäude völlig desinteressiert. Die Stadt wiederum hatte kein Geld. Daher erwarb sie 2016 wichtige Teile der Bahnimmobilie vor allem, um das Empfangsgebäude wenig später an die „Bürgerbahnhof Cuxhaven eG" weiterzuverkaufen. Die eingetragene Genossenschaft war aus der Bürgerinitiative entstanden, die sich an dem Vorbild Leutkirch orientierte: In der Kleinstadt im Allgäu hatte sich eine aus 600 Bürgern bestehende Genossenschaft mit gut einer Million Euro an der 2011/12 durchgeführten Sanierung des Bahnhofsgebäudes beteiligt. Dies war der erfolgreiche Höhepunkt eines Kampfs um den Erhalt und die Renovierung des Baus gewesen, den Leutkircher Bürger schon seit den 1970er-Jahren geführt hatten.

Pferdekutschen vor dem Bahnhof. Postkarte, abgestempelt 1916

Der Cuxhavener Bahnhof wurde ab 2017 renoviert und umgebaut. Ende 2018 erfolgte die feierliche Eröffnung des „Bürgerbahnhofs", der seinen Namen nicht nur dem Umstand verdankt, dass hier eben eine Genossenschaft für ein Angebot sorgt, das heute in Kleinstadtbahnhöfen leider nicht mehr selbstverständlich ist – bis hin zu Gastronomie und öffentlichen Toiletten. Im Bahnhof finden beispielsweise auch kulturelle Veranstaltungen statt, im Obergeschoss entstand ein Versammlungsraum für bis zu 50 Personen.

Bahnanschluss hatte Cuxhaven, das bis 1937 hamburgisches Staatsgebiet war, erst 1881 erhalten, durch die von Hamburg kommende Niederelbebahn. Das erste, 1910 aufgestockte Empfangsgebäude steht, nördlich des Zentralen Omnibusbahnhofs, noch immer. Nachdem 1896 die Strecke nach dem heute zu Bremerhaven gehörenden Geestemünde hinzugekommen war, entstand 1897 die jetzige Anlage als ursprünglich viergleisiger Kopfbahnhof mit wiederum einem roten Klinkerbau wie sein Vorgänger. Auch er wurde später erweitert und seine Fassade vereinfacht, was ihm nicht unbedingt zum Vorteil gereichte.

Planmäßiger Personenverkehr besteht heute nur aus Regionalzügen von und nach Hamburg und Bremerhaven. Allerdings gehört zum Bahnhof Cuxhaven auch der Amerikabahnhof (wie auch die bahnamtliche Bezeichnung dieses Teils lautet). Die Strecke dorthin zweigt kurz vor der Einfahrt in den „Stadtbahnhof" von der Niederelbebahn nach Norden ab und führt zum Amerikahafen.

Ihren Ursprung haben diese Anlagen in dem Wunsch der HAPAG, der Hamburg-Amerikanischen Packetfahrt-Actien-Gesellschaft, ab 1889 vor allem den Auswandererverkehr Richtung Amerika aus dem Hamburger Hafen nach Cuxhaven zu verlagern. Hamburgs große Reederei für den Überseeverkehr bediente sich dafür eines ersten gesonderten Bahnhofs am heutigen Alten Fischereihafen. Allerdings konnten dort die immer größer werdenden Ozeandampfer nicht anlegen: Die Passagiere mussten

Der Amerikabahnhof am Steubenhöft

mühsam mit kleinen Schiffen zu ihnen übersetzen. So ging es bis 1902, als an einem etwas weiter östlich gelegenen neuen Hafen der Amerikabahnhof und die von einem 37 Meter hohen Turm bekrönten HAPAG-Hallen in Betrieb gingen. Letztere fungierten als Empfangsgebäude einschließlich Wartesälen. Von der anschließenden Zollhalle führt seit 1910 ein gedeckter Gang zum Schiffsanleger. Natürlich fand im Amerikabahnhof auch reger Güterverkehr statt: Die Schiffe mussten ja versorgt werden. Die größeren von ihnen ankerten an dem heute „Steubenhöft" genannten Pier, der direkt an der Elbe verläuft und 1911–14 entstand, als man diesen Schiffsanleger noch einmal auf weltrekordverdächtige 400 Meter verlängerte. Auch das Hafenbecken wurde damals stark vergrößert. Die heutige Bebauung des Steubenhöfts stammt von 1953/54. Im ersten Obergeschoss erinnern mehrere Ausstellungen an die Geschichte des Ortes und der europäischen Auswanderung.

Das Gebäude des ersten Hafenbahnhofs, das noch bis in die 1930er-Jahre hinein der Verbindung zum Seebäderdienst gedient hatte, riss man 1971 ab. Die Gleisanlagen des Amerikabahnhofs wurden in den 1960er-Jahren stark verkleinert – im Zusammenhang mit dem Bau des Neuen Fischereihafens, aber auch, weil der Transatlantikverkehr per Schiff sich dem Ende zuneigte. Auch hier war das Fliegen nicht nur schneller, sondern auch schicker. Die massenhafte Auswanderung aus Europa in die „Neue Welt" hatte schon mit dem Ersten Weltkrieg geendet.

Die HAPAG-Hallen können allerdings noch immer auch zur Abfertigung von Schiffsreisenden verwendet werden, nun eben von Kreuzfahrtpassagieren. Damit gelten sie, zusammen mit dem Steubenhöft, als die weltweit einzigen Auswanderungsanlagen, die noch immer in Betrieb sind. Jeglicher Personenverkehr im Amerikabahnhof nutzt den entlang der Hallen verlaufenden Bahnsteig. Darüber hinaus finden in den historischen Wartesälen – dem „Kuppelsaal" für die reicheren und dem kleineren „Hanseatensaal" für die ärmeren Passagiere – kulturelle und andere Veranstaltungen statt.

Der „Einkaufsbahnhof" Altona im Jahr 2013

HAMBURG-ALTONA

Besuchen Sie diesen Bahnhof, solange es ihn noch gibt! Denn das Verschwinden der heutigen Station Hamburg-Altona ist beschlossene Sache. Übrig bleiben wird nur der unterirdische S-Bahnhof. Damit wird der Schlusspunkt hinter einen langen Abstieg gesetzt.

Auch auf dem Feld der damaligen Schlüsseltechnologie Eisenbahn wurde im 19. Jahrhundert die Entwicklung in Deutschland durch die Kleinstaaterei behindert. So hatte der Stadtstaat Hamburg trotz seines schon damals bedeutenden Hafens beim Bahnbau zunächst schlechte Karten. Der dänische König etwa, der bis 1864 auch über Holstein herrschte, förderte lieber das benachbarte Altona, das bis 1937/38 eine eigenständige Stadt war.

So wurde 1842–44 von dort eine Eisenbahn zum Ostseehafen Kiel gebaut. Auch in Altona entstand der Bahnhof am Wasser, wegen des Geesthangs jedoch rund 27 Meter über der Elbe. Ab 1845 beförderte man die Güterwagen einzeln per Seilwinde über eine Schiefe Ebene. 1876 wurde die Altonaer Hafenbahn dann durch einen eingleisigen Tunnel an den Bahnhof angeschlossen. Das untere Portal des 1992 stillgelegten „Schellfischtunnels", wie er im Volksmund genannt wird, ist noch heute von der Brücke der Straße Elbberg aus zu sehen.

Schon wegen der Topographie konnte sich Altona nicht so gut entwickeln wie Hamburg, das viel bessere Möglichkeiten hatte, seinen Hafen auszubauen. Auch das auf der anderen Seite des Bahnhofs gelegene Ottensen blühte im Zeitalter der Industrialisierung stärker auf. Dennoch wurde es 1889 von Altona eingemeindet. In der Zwischenzeit war Schleswig-Holstein preußisch geworden, und der preußische Staat hatte auch die meisten Eisenbahnen im Hamburger Raum übernommen. Neben neuen Strecken war 1865/66 die Hamburg-Altonaer Verbindungsbahn entstanden. Wie der Eisenbahnverkehr wuchs auch die Stadt. Eine Erweiterung des Bahnhofs an seinem bisherigen Standort war daher kaum möglich. So kam es zu der Idee, ihn rund 500 Meter nach Norden zurückzuverlegen. Auf dem geräumten Bahngelände entstand der heutige Platz der Republik mit repräsentativer Randbebauung. Im Süden wird er

Der Mitte der 1970er-Jahre abgerissene Bahnhof, um 1910

abgeschlossen durch das alte Bahnhofsgebäude, das, umgebaut, seit 1898 als Altonaer Rathaus dient.

Mit dem Entwurf des neuen Altonaer Hauptbahnhofs, wie er bis 1938 hieß, beauftragte man Hermann Eggert, der kurz zuvor den Hauptbahnhof von Frankfurt am Main errichtet hatte. Auch an der Elbe entstand 1893–98 ein beeindruckender Bau. Die mächtigen viereckigen Türme, die in der Mitte aus der rot verklinkerten Fassade hervorsprangen und einen fast ebenso hohen Stufengiebel flankierten, wirkten wie ein großes Stadttor. Und tatsächlich hatte Eggert damit das Altonaer Stadtwappen zitiert. Hinter dem Empfangsgebäude befand sich eine vierschiffige Bahnhofshalle, 160 Meter lang und 82 Meter breit. 1905–07, zur Eröffnung der Hamburg-Altonaer Stadt- und Vorortbahn, der heutigen S-Bahn, kam ein kleines fünftes Schiff hinzu. Schließlich waren es elf Gleise. Drei Schiffe überwölbten den Querbahnsteig.

Im Zweiten Weltkrieg wurde auch der Altonaer Bahnhof getroffen und danach vereinfacht wieder-aufgebaut. So füllte die Bundesbahn eine in die Hauptfront geschlagene Lücke lieblos mit einer modernen Rasterfassade. Wie gering man das historische Gebäude schätzte, wurde hier schon deutlich. In Köln, München, Essen oder Dortmund erhielten die Hauptbahnhöfe damals neue Empfangsgebäude. Ab Ende der 1960er-Jahre wandelte sich jedoch der Zeitgeist. Zu entsprechend starken Protesten kam es, als die Bundesbahn den kompletten Abriss des Altonaer Bahnhofs ankündigte. Anlass war der Bau des innerstädtischen S-Bahn-Tunnels, der das alte Gebäude angeblich zu sehr erschüttert hätte. Allerdings entledigte sich die Bahn damals gerade in Hamburg auch bei anderen Stationen der historischen Bahnsteighallen, deren Unterhalt ihr zu teuer erschien. Auch die acht oberirdischen Bahnsteiggleise, die in Altona nach dem 1974 begonnenen Kahlschlag verblieben, erhielten im Zuge des vollständigen Neubaus der Station einfache Normdächer. Hinzu kam der viergleisige unterirdische S-Bahnhof.

Der Verdacht, dass die Bundesbahn die alte Anlage einfach loswerden wollte, wurde dadurch

Blick über die Gleise des Altonaer Bahnhofs

Die unterirdische Bahnsteighalle für die S-Bahn

genährt, dass sie das, was in Altona bis 1979 entstand, sehr als „Bahnhof der Zukunft" feierte. Das Konzept lautete „Kaufhausbahnhof" und bedeutete, dass man anstelle des Empfangsgebäudes neben einem flachen, unscheinbaren Bahnhofszugang ein großes Warenhaus mit weitgehend geschlossener Fassade errichtete. Der Kaufhof-Konzern übernahm bei dem Projekt die Federführung und einen Großteil der Kosten. Sowohl ästhetisch als auch funktional galt das Ergebnis jedoch bald als Desaster. An einem zentralen Platz war ein Wahrzeichen durch einen austauschbaren, abweisend wirkenden Geschäftsbau ersetzt worden. Der Kaufhof ist längst ausgezogen, der Bahnhofszugang auch nach wiederholten Aufhübschungsversuchen ein unwirtlicher, zugiger Ort.

Für die Bahn ist es von Vorteil, dass dieser Gebäudeansammlung niemand eine Träne nachweint, wenn nun auch sie abgerissen werden soll. Protest regt sich nur dagegen, den Standort für Fern- und Regionalbahn aufzugeben. Denn auch für Altona wurde schon seit den 1990er-Jahren der Plan verfolgt, den Kopf- durch einen Durchgangsbahnhof zu ersetzen und das freiwerdende Bahngelände lukrativ zu verwerten. Bahnmanager und Politiker sehen darin natürlich ein attraktives Stadtentwicklungsprojekt, das mit „Neue Mitte Altona" auch einen schönen Namen erhielt. Die neue Station mit sechs Bahnsteiggleisen für den Fern- und Regionalverkehr sowie zwei für die S-Bahn soll rund zwei Kilometer weiter nördlich, in Höhe des S-Bahn-Stopps Diebsteich, entstehen. Man verschiebt sie also aus dem belebten Zentrum von Altona-Ottensen in eine Gegend, die bisher abseits liegt und in der wenig los ist. Klagen erreichten nicht mehr als die Zusicherung der Bahn, auch am neuen Bahnhof für eine gute Busanbindung zu sorgen. Außerdem will sie möglichst schnell die Autoverladung zur S-Bahn-Station Elbgaustraße in Eidelstedt verlagern. Damit verschwindet dieses besondere Schauspiel aus Altona, wo die Autos über den teilweise gesperrten Querbahnsteig fuhren, noch vor dem Bahnhof. Die Bauarbeiten sollen 2020 beginnen, die Verlegung des Fern- und Regionalverkehrs 2025 erfolgen.

Eingang zur Wandelhalle des Hamburger Hauptbahnhofs

HAMBURG Hauptbahnhof

Fans von „Stuttgart 21", dem stark umstrittenen Bahntunnelprojekt in Baden-Württembergs Landeshauptstadt, hätten vielleicht gut daran getan, einmal nach Hamburg zu schauen: Dort befinden sich die Bahnsteige des Hauptbahnhofs bereits unter Geländeniveau, wenn auch nicht in einem Tunnel, sondern in einem Einschnitt.

Doch natürlich ist nicht das das Problem, sondern dass es unter dem großen Dach des Hamburger Hauptbahnhofs nur acht Bahnsteiggleise für den Fern- und Regionalverkehr gibt. Also genauso viele, wie in Stuttgarts neuem Durchgangsbahnhof die 16 Gleise der alten Kopfstation ersetzen sollen. Durch diese lediglich acht Gleise, zu denen sich noch zwei für die S-Bahn und zwei ohne Bahnsteigberührung gesellen, ist der Hamburger Hauptbahnhof seit vielen Jahren einer der schlimmsten Engpässe im Netz der Deutschen Bahn. Ein richtiges Nadelöhr, manche sagen auch: ein Flaschenhals. Für das Verkehrsaufkommen reicht die Station einfach nicht aus, zusätzliche Züge, die dringend benötigt würden, sind nicht in den Fahrplan zu pressen.

Eine Rolle spielt dabei auch, dass sich die beiden aus Richtung Süden kommenden Hauptstrecken erst unmittelbar vor der südlichen Einfahrt des Hauptbahnhofs vereinen. Hinter der Nordausfahrt kann zwar ein Teil der S-Bahn-Züge im Citytunnel verschwinden, der via Jungfernstieg, Landungsbrücken und Reeperbahn nach Altona führt. Doch der Rest nutzt für den Weg dorthin weiter die Hamburg-Altonaer Verbindungsbahn, die um die Jahrhundertwende nach dem Vorbild der Berliner Stadtbahn ausgebaut wurde. Dazu gehörte leider auch die Viergleisigkeit, die gleich nach der Nordausfahrt beginnt: zwei Schienenstränge für den Lokal-, zwei für den Fernverkehr. Letztere müssen heute auch die zahlreichen Regionalzüge aufnehmen. Eigentlich wären mindestens zwei weitere Gleise nötig. Doch wo diese unterbringen? Neben der bestehenden Strecke, die fast durchweg in Hochlage verläuft? Was wird dann aus einer denkmalgeschützten Station wie Dammtor, die übrigens auch Fernbahnhalt ist? Diese Frage würde sich auch stellen, wenn man auf die Verbindungsbahn noch ein zweites Stockwerk setzte. An der Lombardsbrücke, die die beckenförmige Binnen- von der seeförmigen Außenalster trennt, würde sich dies sowieso verbieten, weil es den Blick auf das Panorama der Innenstadt verbauen würde. Einen Fernbahntunnel bauen? Aber ließe sich dessen

Der 1906 in Betrieb genommene Hamburger Hauptbahnhof mit Vorplatz

Blick auf das Empfangsgebäude heute

Das „Wandelhalle" genannte Kernstück des Empfangsgebäudes. Postkarte, abgestempelt 1907

Blick in die Wandelhalle heute

Ein- und Ausfahrt am Nordkopf des Hauptbahnhofs angesichts der schon vorhandenen Tunnel und der nahen Alster überhaupt unterbringen?

Die Lage ist verfahren, und dies, obwohl die stolzen Hanseaten bei der Eröffnung ihres Hauptbahnhofs 1906 glaubten, alles richtig gemacht zu haben, und dies auch von vielen Seiten bestätigt bekamen. Wie in anderen Städten waren viele kleine Kopfbahnhöfe aus der Frühzeit der Eisenbahn durch eine große, zentrale Durchgangsstation ersetzt worden. Aufgegeben hatte man den Berliner Bahnhof, der 1842 als Erster in Hamburg eröffnet worden war, damals noch unter dem Namen Bergedorfer Bahnhof; erst vier Jahre später ging die Strecke von dem damaligen Hamburger Vorort in die preußische Hauptstadt in Betrieb. Über diese Trasse wurde 1852, mit einem Umweg über Büchen, auch der wichtige Ostseehafen Lübeck erreicht, mit dem die Hamburger Kaufleute traditionell in engem Kontakt standen. Die 1847 eröffnete Eisenbahn von und nach Hannover endete im jenseits der Elbe gelegenen Harburg, das damals zum Königreich Hannover gehörte. Nach Hamburg bestand eine Fährverbindung. Erst 1872, Preußen hatte das Königreich inzwischen annektiert, gingen die Elbbrücken der Eisenbahn und der Hannoversche Bahnhof auf dem Großen Grasbrook in Betrieb. Da diese Verlängerung Teil der Hamburg-Venloer Bahn war, die ursprünglich sogar bis Paris führen sollte, wurde er auch Pariser oder (bis 1892 offiziell) Venloer Bahnhof genannt. 1865 kam mit dem Lübecker Bahnhof eine direkte Verbindung zur Ostsee hinzu. 1865/66 wurde die Verbindungsbahn zwischen Altona und dem Bahnhof Klosterthor (heutige Schreibweise: Klostertor) eröffnet. Zunächst ausschließlich für den Güterverkehr gedacht, verlängerte man sie zu den anderen Hamburger Kopfbahnhöfen.

Der preußische Staat versuchte ab den 1880er-Jahren gezielt, alle großen Eisenbahnstrecken auf seinem Territorium zu erwerben. So bekam er schließlich auch das Sagen über den Bahnverkehr in der Freien und Hansestadt Hamburg. Es dauerte bis 1899, bis sich alle beteiligten Seiten über den Bau eines Zentralbahnhofs geeinigt hatten. Der war inzwischen auch zu einer Prestigefrage geworden: Altona, damals noch eine konkurrierende Nachbarstadt, hatte seinen monumentalen neuen Hauptbahnhof gerade erhalten. Schlimm genug, dass es sich dabei weiterhin um einen Kopfbahnhof handelte und deshalb schon damals die meisten Hamburg berührenden Fernzüge in Altona starteten und endeten.

Den 1900 ausgeschriebenen Wettbewerb gewannen die Architekten Heinrich Reinhardt und Georg Süßenguth, deren Entwurf Kaiser Wilhelm II. allerdings „einfach scheußlich" genannt haben soll. Tatsächlich machte das, was nach einer gründlichen Überarbeitung der Pläne 1904–06 nördlich des Bahnhofs Klosterthor in den Wallanlagen zwischen Altstadt und St. Georg schließlich ausgeführt wurde, bedeutend mehr her. Als Inspirationsquelle soll das prachtvolle Hamburger Rathaus gedient haben. Das Empfangsgebäude wird von zwei 45 Meter hohen Türmen flankiert und erhebt sich nördlich der etwa 150 Meter langen und 114 Meter breiten Bahnsteighalle quer über dem Einschnitt.

Schon bald erwies sich der neue Hauptbahnhof, der endlich alle großen Eisenbahnstrecken, die Hamburg berührten, miteinander verband, als zu klein. Doch nicht nur deshalb war nach dem Zweiten Weltkrieg zunächst umstritten, ob man ihn wiederaufbauen sollte. Allerdings hielten sich die Schäden in Grenzen, und so erfolgte ein Neubau, nach dem historischen Vorbild, bei dem „Wandelhalle" genannten Kernstück des Empfangsgebäudes jedoch erst um 1990. Als Erstes in Deutschland wurde es in ein Einkaufszentrum umgewandelt. Freilich lockte man so noch mehr Menschen zum Hauptbahnhof, wo das Gedränge ohnehin immer größer wurde, und dies, obwohl er seit Jahrzehnten ein sozialer Brennpunkt ist. Ebenso lange wird darüber diskutiert, wie man die Station erweitern und leistungsfähiger machen könnte. Doch die leicht umsetzbaren Vorschläge wirken eher hilflos: eines der beiden Durchfahrtsgleise nutzbar machen, indem man das andere durch einen Bahnsteig ersetzt, mit einfachen Treppen zusätzliche Ausgänge zum Steintordamm schaffen, der den Bahngraben gleich südlich des Hauptbahnhofs überquert. Könnte man nicht in den Untergrund gehen? Leider nein, denn er ist voll.

Rund um den Hauptbahnhof liegen nicht weniger als drei Stationen der U-Bahn. Mit deren erster Strecke eröffnete 1912 auch der heute Hauptbahnhof Süd genannte und von der U3

Diese Postkarte dokumentiert die erste Einfahrt eines Zuges in den Hamburger Hauptbahnhof.

genutzte Halt. Bis zum Jahreswechsel 1991/92 bestand eine direkte Verbindung zwischen ihm und den Fernbahnsteigen, dann versuchte man mit ihrer Schließung den Drogenhandel zu bekämpfen. 1960 kam eine weitere Bahnsteighalle für die U1 hinzu, 1968 die ebenfalls im Schildvortriebsverfahren gebaute Station Hauptbahnhof Nord. Notgedrungen in großer Tiefe angelegt, wird sie heute von U2 und U4 bedient. Außerdem entstand im Zusammenhang mit dem 1967–81 gebauten Citytunnel östlich neben dem Hauptbahnhof für die S-Bahn eine zweigleisige unterirdische Bahnsteighalle. Sie nimmt die Richtung Westen verkehrenden Züge auf. So konnte ein Gleis in der Haupthalle dem Fern- und Regionalverkehr überlassen werden.

Gleich daneben befindet sich unter dem Hachmannplatz ein großer, zweigeschossiger Tiefbunker aus dem Zweiten Weltkrieg, der bis etwa 15 Meter unter die Straßenoberfläche reicht. Ein noch größerer, 19 Meter tief reichender liegt am Westrand des Hauptbahnhofs, wo außerdem mit dem Wallringtunnel ein viel befahrener Autotunnel verläuft.

Ein auch schon ins Spiel gebrachter Fernbahntunnel parallel zur Trasse der bisherigen Gleise müsste wohl bis zu 30 Meter unter diesen verlaufen, um die U-Bahn-Strecken zu unterfahren. Anders sähe es mit einem Tunnel aus, der die jetzigen Bahnsteige kreuzen würde.

Ein Problem des Hauptbahnhofs ist, dass bald nach dem Zweiten Weltkrieg entschieden wurde, ihn zum Hauptknotenpunkt des Schnellbahnnetzes zu machen: Über ihn laufen alle Hamburger U- und S-Bahn-Linien, entsprechend groß ist der Umsteigeverkehr zwischen ihnen. Dazu gesellen sich all die Menschen, die zum Regional- oder Fernverkehr wollen oder von ihm kommen. Für eine Stadt von

Die Bahnsteighalle heute

immerhin fast zwei Millionen Einwohnern ist dies ein eigenwilliges Konzept: In Berlin oder München, die ebenfalls aus vielen Städten und Dörfern zusammengewachsen sind und entsprechend viele Subzentren besitzen, bemüht man sich, den Verkehr möglichst weiträumig zu verteilen. Anders in Hamburg, wo auch die geplante neue U-Bahn-Linie 5 über den Hauptbahnhof führen soll. Natürlich könnte man sie an die beiden ungenutzten Gleiströge der Station Hauptbahnhof Nord anschließen, die für eine nie realisierte Strecke errichtet wurden. Die Planer finden aber keinen rechten Weg, dorthin neue Tunnel zu bauen, ohne in der unmittelbaren Umgebung des Hauptbahnhofs viel auf- und abzureißen. Die Verteidiger des Konzepts „Alles muss über den Hauptbahnhof laufen" verweisen gerne auf Untersuchungen, denen zufolge sehr viele Menschen eben dorthin wollen. Es wird allerdings auch nichts dafür getan, dies zu ändern und den Hamburger Hauptbahnhof durch ein geringeres Fahrgastaufkommen zu entlasten.

Zu den zahlreichen Anziehungspunkten im Umfeld des Hauptbahnhofs gehört das ehemalige Bahnpostamt Hühnerposten, das samt einem Postbahnhof wenige Hundert Meter südlich von ihm und zeitgleich mit ihm entstand. 1924 wurde das Gebäude deutlich aufgestockt. Die Paketbeförderung zog 1973 in einen Neubau am Diebsteich, dort, wo jetzt der neue Altonaer Bahnhof entstehen soll. Der restliche Betrieb endete, als die Deutsche Post AG 1997 nach 148 Jahren die Postbeförderung mit der Eisenbahn einstellte. Seit 2004 dient das Haus an der Straße Hühnerposten als Zentralbibliothek der Hamburger öffentlichen Bücherhallen. Wo sich einst die Gleisanlagen erstreckten, befindet sich ein nach Arno Schmidt benannter Vorplatz.

Blick auf die Bahnsteighalle des Kieler Hauptbahnhofs

KIEL Hauptbahnhof

Bald nach der Eröffnung der ersten Eisenbahnen war vielen Politikern und Kaufleuten bewusst geworden, welche Schlüsselrolle dieses revolutionäre neue Verkehrsmittel für die weitere wirtschaftliche Entwicklung spielen würde. So hätten Hamburg und Lübeck gern ihre Häfen durch eine Eisenbahn miteinander verbunden. Dazu war jedoch holsteinisches Gebiet zu durchqueren. Holsteinischer Landesherr war damals der dänische König, und der wollte statt der eigenständigen Hansestädte Hamburg und Lübeck lieber die holsteinischen Hafenstädte Altona und Kiel fördern. 1842–44 entstand daher zwischen ihnen, via Elmshorn und Neumünster, ein Schienenstrang, der erste unter dänischer Hoheit. Die Altona-Kieler Eisenbahn-Gesellschaft war zwar eine private Firma, jedoch mit dem dänischen Staat als größtem Teilhaber, und nach dem dänischen König Christian VIII. wurde die erste Strecke auch benannt.

Wie in Altona errichtete man auch in Kiel den Bahnhof in unmittelbarer Nähe des Hafens, wobei man über den genauen Standort so lange gestritten hatte, dass die endgültige Anlage erst 1846 fertiggestellt wurde: am später zugeschütteten Ziegelteich, in Höhe des heutigen Stresemannplatzes, rund 500 Meter nördlich des jetzigen Hauptbahnhofs. Dessen Bau wurde 1895 begonnen und 1899 ein erster Abschnitt eröffnet, bis dahin war der gesamte Personenverkehr über die Baustelle gelaufen. Nun konnte der alte, längst viel zu klein gewordene Bahnhof geschlossen und abgerissen werden. Die Arbeiten an seinem Nachfolger zogen sich noch bis 1911 hin.

Kiel war inzwischen Großstadt geworden und wie ganz Schleswig-Holstein Teil des Deutschen Reiches. Das regierte seit 1888 Kaiser Wilhelm II., und der meinte, Deutschlands Zukunft liege (im Streben nach dem Status einer Weltmacht) auf dem Wasser. So war der Reichskriegshafen Kiel für den reisefreudigen Monarchen nicht nur zur Kieler Woche ein beliebtes Ziel, und diesen Rang der Stadt galt es beim Neubau des Bahnhofs (wiederum als Kopfstation) natürlich zu berücksichtigen: Der Architekt Ernst Schwartz entwarf ein monumentales Gebäude mit neobarocken

Passanten vor dem Kieler Hauptbahnhof. Postkarte, abgestempelt 1917

Formen, Kuppeln, Turm und großen Portalen, zwar mit regionaltypischen Backsteinfassaden, die aber durch Sandsteinelemente „aufgewertet" wurden.

Die Lage direkt an der Kieler Förde wurde genutzt, um im Ostflügel Räume für den Kaiser unterzubringen. Seine Majestät brauchte dann nur noch durch das Kaiserportal (das ihm und anderen „hohen Herrschaften" vorbehalten war) zu schreiten, die große Freitreppe hinab, und schon wenige Meter weiter konnte er seine Jacht besteigen.

Zwei Weltkriege später war auch vom Empfangsgebäude des Kieler Bahnhofs, der seit 1927 „Hauptbahnhof" hieß, nur noch wenig übrig. Noch am besten erhalten war der Ostflügel. Doch nun begann eine jahrzehntelange mutwillige Entstellung des Baus, die immer groteskere Züge annahm. Es ist noch verständlich, dass man nach dem Inferno des Zweiten Weltkriegs keinen Sinn mehr für Pomp und Pracht hatte und sich – zumindest zunächst – in Bescheidenheit übte. Der Wiederaufbau des Kieler Hauptbahnhofs erfolgte daher 1950–55 in stark vereinfachter Form, sowohl was die Fassaden als auch was das Innere und die einst abwechslungsreich gestaltete Dachzone anging. Im Ostflügel wurde ein Restaurant untergebracht, das Kaiserportal zugemauert. Im Modernitätsrausch der 1960er-Jahre (und bevor Kiel 1972 zum zweiten Mal Austragungsort der olympischen Segelwettbewerbe wurde) entstand am Nordrand des Bahnhofsvorplatzes ein Parkdeck über dem Zentralen Omnibusbahnhof. Als Verbindung dorthin wurde eine überdachte stählerne Fußgängerbrücke errichtet, die direkt am großen Bogen des Bahnhofshaupteingangs ansetzte. Weitere solcher Brücken kamen hinzu, im Bahnhofsinnern wurde in hohe Räume eine zusätzliche Ebene eingezogen, man baute Verkaufspavillons auf und schuf unförmige Anbauten.

Erst 1999, zum 100. Geburtstag des heutigen Hauptbahnhofs, wurde der ästhetische Vandalismus

Das Kaiserportal, auch Fürstenauffahrt genannt. Postkarte, abgestempelt 1910

Die Ostseite des Bahnhofs heute

rückgängig gemacht. Eigentlich hatte man in jenem Jahr mit den Umbauarbeiten schon fertig sein wollen. Den verbliebenen Steg zum Einkaufszentrum Sophienhof gestaltete man ansprechender, das Kaiserportal wurde wieder geöffnet und die vorgelagerte Freitreppe erneuert. Der im Krieg zerstörte Eckturm entstand in moderner Form neu. Die Wiedergewinnung und Neugestaltung historischer Räume im Inneren erfolgte natürlich auch im Hinblick auf die Umwidmung bisher durch die Bahn genutzter Flächen für den Einzelhandel – die von der Deutschen Bahn AG propagierte „Revitalisierung" großer Bahnhöfe ging ja stets mit deren Umgestaltung zu Einkaufszentren einher. Im Juni 2004, zur Kieler Woche, wurde das Empfangsgebäude wiedereingeweiht. Die Arbeiten am Bahnhof zogen sich allerdings noch fast zwei Jahre hin. Während der Sanierungsarbeiten war nämlich festgestellt worden, dass die Standsicherheit des größten Teils der Bahnsteighalle nicht mehr gewährleistet war. So kam es zu der mittlerweile eher ungewöhnlichen Entscheidung für einen kompletten Neubau, 121 Meter lang und 55 Meter breit, wiederum dreischiffig, aber nicht mehr in historischer Form. Dabei legte das Architekturbüro Gössler Kinz Kreienbaum besonderen Wert auf eine ebenso eigenwillige wie elegante Gestaltung der Stützkonstruktion. Dass die drei neuen Schiffe nicht wie üblich an der Einfahrtseite mit Schürzen geschlossen wurden, ließ den Bau zwar noch ungewöhnlicher erscheinen und machte ihn zu einem spektakulären Fotomotiv. Allerdings sind die Fahrgäste dadurch schlechter vor Wind und Wetter geschützt.

Angesichts der Tatsache, dass Kopfbahnhöfe bei Eisenbahnexperten seit Langem als „Teufelswerk" gelten, erstaunt es, dass die Bahn nicht darüber nachgedacht hatte, den Kieler Hauptbahnhof durch eine Durchgangsstation an anderer Stelle zu ersetzen. Zudem ist die Anlage mit ihren ursprünglich sechs Gleisen zu klein. 2013/14 wurden daher die beiden äußeren Bahnsteige außerhalb der Halle halbiert, um daran noch zwei weitere Gleise, wenn auch nur für kurze Züge, anlegen zu können.

Eingang des „Hundertwasserbahnhofs" von Uelzen

UELZEN

Der Bahnhof von Uelzen ist ein Paradebeispiel dafür, wie auffällige Architektur zum Stadtmarketing und insbesondere für die Tourismuswerbung genutzt werden kann.

Uelzen ist eine Kleinstadt mit rund 35 000 Einwohnern am Rande der Lüneburger Heide. Es liegt an der Bahnstrecke Hamburg-Hannover und damit an einer der wichtigsten Nord-Süd-Verbindungen Deutschlands. Einige ICEs halten hier sogar an. Außerdem befindet sich hier der Sitz der Metronom-Eisenbahngesellschaft, einem der größten privaten Bahnbetreiber Deutschlands.

Der Bahnhof wurde 1847 eröffnet. Ab 1873 kreuzte hier die „Amerikalinie", die direkte Bahnverbindung zwischen Berlin und dem kurz zuvor als preußischer Flottenstützpunkt gegründeten Wilhelmshaven. Ihr Bau wurde zumindest dadurch erleichtert, dass Preußen 1866 das Königreich Hannover, in dem auch Uelzen lag, annektiert hatte. Zunächst schuf man dort für die „Amerikalinie" eine eigene Station, den Halberstädter Bahnhof. Nach dessen Abriss wurde sein Empfangsgebäude in der Ringstraße 35 als Wohnhaus wiedererrichtet. 1888 entstand dann ein neues Empfangsgebäude zwischen den „Hannöverschen" Gleisen 101–103 und den „Halberstädter" Gleisen 301–304. Architekt dieses Inselbahnhofs war Hubert Stier, von dem auch die Hauptbahnhöfe in Hannover, Bremen, dem heute zu Hamburg gehörenden Harburg und Hildesheim stammten (Letzterer wurde nach dem Zweiten Weltkrieg abgerissen). Im kleinen Uelzen errichtete er freilich einen eher schlichten Bau, der mit seinen roten Ziegelfassaden und wenigen, gleichförmig wirkenden Schmuckelementen vielen öffentlichen Gebäuden ähnelte, die im Preußen des 19. Jahrhunderts in der Nachfolge Karl Friedrich Schinkels entstanden.

Nach Zerstörungen im Zweiten Weltkrieg und späteren An- und Umbauten machte der Uelzener Bahnhof noch weniger her als zuvor. Jedoch wurde er in den 1990er-Jahren, als die frisch gegründete Deutsche Bahn AG sich an die „Revitalisierung" (allerdings auch an den ebenso groß angelegten Verkauf) von Bahnhofsgebäuden machte, zu einem Vorzeigeprojekt für den Umgang mit einer Kleinstadtanlage.

Es gelang sogar, das Vorhaben zu einem Projekt der EXPO 2000 zu deklarieren, der in Hannover stattfindenden Weltausstellung. Und vor allem gelang es, Friedensreich Hundertwasser dafür zu

Der Uelzener Bahnhof in seiner früheren Gestalt

gewinnen, am Uelzener Bahnhof ein weiteres Mal seine Vorstellungen von natürlicher, menschenfreundlicher Architektur zu demonstrieren. Erstmals damit an die Öffentlichkeit getreten war der 1928 geborene österreichische Künstler, eigentlich Maler und Grafiker, in den späten 1960er-Jahren. Damals begann in der westlichen Welt das Unbehagen an der als gleichförmig und kalt empfundenen modernen Architektur zu wachsen, in der nach dem Zweiten Weltkrieg – aus ideologischen wie ökonomischen Gründen – die meisten Städte wiederaufgebaut und erweitert worden waren. Im Laufe der 1970er-Jahre steigerte sich das Unbehagen zur Ablehnung, wodurch in den 1980er-Jahren die postmoderne Architektur ihre Hochkonjunktur erlebte: Statt Sachlichkeit wurden nun Spielereien gefeiert, statt Funktionalität auch betonte Anti-Funktionalität. Vor allem bunt und fantasiereich sollten die Bauten sein, auch lustig, bildhaft und voller (gern ironischer) Zitate und Anspielungen.

All dies entsprach Hundertwassers Architekturvorstellungen, und so ernteten die Bauten, an denen er beteiligt war, viel Aufmerksamkeit und Begeisterung. Die moderne Baukunst wandte sich in der Regel gegen aufgesetzte Ornamente und anderes Dekor, das nicht aus der Wirkung der verwendeten Materialien heraus entsteht. Die Opposition dazu ist ein prägendes Element von Hundertwassers Architektur, die vor allem im Verzieren und anderweitigen Anheften von Dekor besteht. Am (schon zuvor denkmalgeschützten) Uelzener Bahnhof ist das beispielhaft zu erkennen, etwa in den bunten, ungleichmäßig gemusterten und unregelmäßig geformten Säulen, die ins Empfangsgebäude eingefügt oder an seinen äußeren Ecken angebracht wurden. Natürlich finden sie sich auch am Portikus, der dem Eingang vorgesetzt wurde und auf dem wie auf anderen Dächern Pflanzen wachsen. Hundertwasser betonte stets auch den ökologischen Aspekt seiner Gestaltung, die hier ein weiteres Mal von den Architekten Peter Pelikan und Heinz M. Springmann umgesetzt wurde.

Blick auf den Bahnhof von der Gleisseite. Postkarte, abgestempelt 1909

Die östliche („Hannöversche") Gleisseite des Uelzener Bahnhofs heute

mit denen der Künstler immer wieder zusammengearbeitet hatte. Da das moderne Bauen so sehr dem Gebrauchswert verpflichtet gewesen war, ignorierte man diesen in der Postmoderne gern oder arbeitete ihm sogar entgegen. Auch dies ist bei Hundertwasser gut auszumachen, etwa wenn ohnehin nicht besonders große Räume durch neue, in sie hineinragende Verzierungen noch enger werden. In Uelzen kann man dies besonders deutlich im Bahnsteigtunnel erleben.

Eigentlich war die große Zeit der postmodernen Architektur schon vorbei, als Ende der 1990er-Jahre mit der Umgestaltung des Uelzener Bahnhofs begonnen wurde: An all den oft selbstzweckhaften Spielereien hatte man sich rasch sattgesehen, im Laufe des Jahrzehnts setzte sich wieder eine modifizierte moderne Baugestaltung durch. Friedensreich Hundertwasser erlebte die Einweihung des umgebauten Uelzener Bahnhofs im November 2000 nicht mehr: Er war neun Monate zuvor verstorben.

2004 wurde der Wandbrunnen an einer Treppe zu den Bahnsteigen eingeweiht, der allerdings nicht von Hundertwasser stammt, sondern eine Hommage des Künstlers Hans Muhr an ihn darstellt. Wenig später konnten im Rahmen einer weiteren Modernisierung von Uelzens mittlerweile größter Sehenswürdigkeit noch fehlende Details von Hundertwassers Planung realisiert werden.

Zu dem Pilotprojekt gehörte neben der Umgestaltung des Bahnhofs auch die seines Umfelds, nicht zuletzt die mittlerweile vielerorts praktizierte Veräußerung und Umnutzung großer Bahnflächen. Der „Umwelt- und Kulturbahnhof", dessen Dach schon 1997 mit einer Photovoltaikanlage versehen worden war (damals soll es die größte in Niedersachsen gewesen sein), wird heute als „Hundertwasserbahnhof" vermarktet. Dies dürfte ganz im Sinne des Künstlers sein, der stets auf Publicity bedacht war. Dass die neue Formgebung in Uelzen keineswegs zum Vorbild für andere Bahnhöfe wurde, also ein Einzelfall blieb, erhöht ihren Wert als Touristenattraktion natürlich sogar noch.

Frontansicht des nach dem Vorbild der Stazione Termini in Rom errichteten Braunschweiger Hauptbahnhofs

BRAUNSCHWEIG Hauptbahnhof

Durch die deutsche Teilung geriet Braunschweig, dicht an der neuen Grenze gelegen, von einer zentralen in eine Randlage. Zudem war es seit 1946 nicht mehr Landeshauptstadt. Vor diesem Hintergrund wurde die Umsetzung des schon 1938 beschlossenen Plans, den Hauptbahnhof zu verlegen und so auch die Kopf- durch eine Durchgangsstation zu ersetzen, zum Akt der Selbstbehauptung der im Zweiten Weltkrieg stark zerstörten Stadt.

Braunschweigs Alter Bahnhof war 1838 als Ausgangspunkt der ersten deutschen Staatseisenbahn eröffnet worden. Schon nach wenigen Jahren hatte sich der erste Bau als zu klein erwiesen. 1843–45 errichtete Carl Theodor Ottmer, der bereits den ersten Bau entworfen hatte, daher ein neues Empfangsgebäude, dessen Hauptfassade heute Teil des Direktionsgebäudes der Braunschweigischen Landessparkasse ist.

Ab 1952 entstand an der Stelle des bisherigen Ostbahnhofs der neue Hauptbahnhof, zu dem auch ein neuer Post-, Güter- und Rangierbahnhof gehörten. Als Verbindung zur Innenstadt schlug man die Kurt-Schumacher-Straße als breite Achse durch die überkommenen Stadtstrukturen, wofür mehr als 100 Gebäude abgerissen wurden. Vor dem neuen Hauptbahnhof entstand als überdimensionierte, gestaltlose Verkehrsfläche der Berliner Platz.

Das 1957–60 errichtete Empfangsgebäude, ein Entwurf des Bundesbahnarchitekten Erwin Dürkop, orientierte sich unübersehbar an Roms Stazione Termini. Dies gilt vor allem für die Kombination einer geschlossen wirkenden Hochhausscheibe mit einer weitgehend verglasten Empfangshalle, die ihr leicht versetzt vorgelagert ist. Allerdings fehlt Letzterer in Braunschweig der elegante Schwung der Dachkonstruktion, der in Rom international für Aufsehen gesorgt hatte.

In Braunschweig ist dafür das 29 Meter hohe und 98 Meter breite Bürohaus außergewöhnlicher: Die stadtseitige Fassade ist fast fensterlos und erinnert mit ihrem Muster an eine Tapete oder eine Stoffbespannung. Als Akzent ist an der Dachkante (natürlich asymmetrisch) eine riesige Uhr angebracht.

Bis heute hat Braunschweigs neuer Hauptbahnhof kaum verändert die Zeiten überdauert.

Blick über das westliche Vorfeld des Bahnhofs Ostkreuz

BERLIN Ostkreuz

Eine renommierte Fotoagentur, eine Punkband, ein Spielfilm: Den Namen des Berliner Bahnhofs Ostkreuz haben sich schon viele geliehen. Bereits 1953 tauchte er im Titel von Erich Wildbergers Berlin-Roman „Ring über Ostkreuz" auf.

Dabei war die Station bis 2015 nur ein Nahverkehrs- bzw. S-Bahnhof. Und als solcher hieß sie zunächst einmal, von der Eröffnung 1882 bis 1933, Stralau-Rummelsburg. Die Umbenennung erfolgte dann im Hinblick auf die erst 1928 eingerichtete Station Westkreuz: Sie war ebenfalls an der Stelle entstanden, an der Vorortstrecken sich zur Berliner Stadtbahn (bzw. zu deren Zulaufstrecke) vereinen und sich außerdem mit der Ringbahn kreuzen. (Der Bahnhof Südkreuz entstand erst Anfang des 21. Jahrhunderts am Ort der bisherigen Station Papestraße.) Allerdings hatte auch das Westkreuz seinen Namen erst 1932 erhalten. Den Kreuzungen von Stadt- und Ringbahn griffige Bezeichnungen zu geben erscheint als typisches Produkt des Modernitäts- und Beschleunigungsrausches der Weimarer Zeit, ähnlich den damals in Berlin entstandenen Kürzeln U-Bahn und S-Bahn.

Ostkreuz war stets größer als Westkreuz, und hier war auch immer mehr los. In dem S-Bahn-Rumpfnetz, das nach dem Mauerbau in Ost-Berlin verblieben war, nahm die Station sogar eine zentrale Stellung ein: Alle Linien verliefen über Ostkreuz (den „nicht-elektrischen S-Bahn-Verkehr", wie damals der Geltungsbereich des Berliner S-Bahn-Tarifs für Nahverkehrszüge bezeichnet wurde, nicht mitgerechnet). Und während die östliche Stadtbahn zur Stichstrecke in die Innenstadt geworden war, die über Ostbahnhof und Alexanderplatz zum Endpunkt Friedrichstraße führte, war der Ost-Berliner Rest der Ringbahn zu einer Tangente mutiert, auf der die Züge zwischen Nord und Süd das Zentrum berührten.

Kaum ein anderer Ort im sozialistischen Teil der Stadt bot ein so lebendiges Bild von Gedränge und regem Zugverkehr wie Ostkreuz. Nicht von ungefähr wurde der Bahnhof immer wieder gern mit Film-, Fernseh- und Fotokameras aufgesucht, wenn es galt, quirliges Großstadttreiben einzufangen oder zu inszenieren.

Zum Mythos wurde die Station aber nicht nur wegen ihrer verkehrlichen Bedeutung. Die Anlage war auch in gewisser Hinsicht unmöglich, ein Kuriosum, das viele seiner Nutzer vermutlich ebenso liebten wie hassten. Es besaß zahlreiche Eigenheiten, und man konnte an ihm viel Geschichte ablesen. Denn „Stralau-Rummelsburg" war ziemlich unkontrolliert gewachsen. Zunächst hatte

Blick von Norden auf den Ringbahnsteig F und den Wasserturm 1992, also vor Beginn des vollständigen Neubaus der Station

Bahnsteig A im April 2009. Im August endete hier der Verkehr, der Bahnsteig wurde beseitigt.

Der Bahnsteig E und darüber der Ringbahnsteig F im Sommer 1976

Die gleiche Ansicht heute

es ab 1872 südlich des heutigen Bahnhofs einen Halt auf der kurz zuvor in Betrieb gegangenen Ringbahn gegeben, die hier die 1842 eröffnete Frankfurter, später Niederschlesisch-Märkische und dann Schlesische Bahn sowie die 1867 eröffnete Ostbahn kreuzte. Als die beiden Letztgenannten 1882 mit der Stadtbahn verbunden wurden, gingen am heutigen Standort ein Bahnsteig auf ihrer Ebene sowie einer im Zwickel der Verbindungskurven von und zur Ringbahn (später Bahnsteig A) in Betrieb. Die Personennahverkehrszüge auf dem Ring befuhren gemeinhin nur dessen Nord- oder Südhälfte, jeweils verbunden mit der Stadtbahn.

1896 wurden an die Außengleise der Kurven die Bahnsteige B und C angefügt. Sie waren nur über den hoch gelegenen Bahnsteig A zu erreichen. Kurz darauf erhielten Ostbahn und Schlesische Bahn jeweils eigene Gleise, weiter erhöht wurde die Kapazität durch gesonderte Vorortgleise. Bis 1903 entstanden der Bahnsteig D auf der Ostbahn, der ziemlich schmale Bahnsteig E für die Züge auf der Schlesischen Bahn von und nach Erkner und der Ringbahnsteig F. Letzterer war legendär, weil er quer über den beiden Stadtbahnsteigen thronte, in luftiger Höhe, jedoch nur mit einem einfachen Dach bedeckt, das vor Regen kaum und vor Wind überhaupt nicht schützte. Die – in ihrer unteren Hälfte zudem nur einläufigen – Treppen von und zu ihm waren für das hohe Fahrgastaufkommen viel zu schmal, Gedränge folglich garantiert.

Originell auch der „Keil"-Bahnsteig A am anderen Ende der Station, der im Osten als Dreieck begann, mit Bahnsteigkanten, die an den Verbindungskurven lagen und daher gekrümmt waren. Richtung Westen lief er aber gerade, lang und schmal aus. Ebenfalls hoch über den gekreuzten Gleisen gelegen, wurde auch er lediglich von einem einfachen Dach beschirmt, das sich zumindest am Ende seiner Existenz nur entlang des vom Südring kommenden Gleises erhob.

Eine Etage tiefer mussten der Bahnsteig A und die sich ihm anschließende Rampe zwischen Ring- und Stadtbahn natürlich umfahren werden, weshalb der Bahnsteig D ebenfalls eine mehr oder weniger dreieckige Form hatte, allerdings eine viel breitere. Das Dach spaltete sich entsprechend auf, dazwischen stand das Aufsichtshäuschen buchstäblich im Regen.

Ein beliebtes Spiel (oder stetes Ärgernis) war, dass an den Stadtbahnsteigen nicht Richtungs-, sondern Linienbetrieb herrschte. Da es auch keine Anzeiger gab, die darüber informiert hätten, musste man raten, ob der nächste Zug Richtung Innenstadt am Bahnsteig D oder am Bahnsteig E ankommen würde. Oder man musste, wenn man auf dem Ringbahnsteig Ausschau gehalten hatte, die Treppe zum jeweiligen Perron sehr schnell hinunterlaufen können. (Rolltreppen oder gar Aufzüge für die Fahrgäste gab es natürlich nicht.) Dabei befanden sich die Treppen nicht im besten Zustand – wie der gesamte Bahnhof Ostkreuz, über den gern gespottet wurde, er würde nur noch zusammengehalten vom Rost und dem Dreck, der sich in Jahrzehnten angesammelt hatte. Vielerorts wucherte das Unkraut, besonders üppig auf dem meist verwaisten Bahnsteig A, auf dem allerdings auch große Bäume standen. Schon vor dem Zweiten Weltkrieg war eine Modernisierung geplant gewesen. Die DDR-Reichsbahn schob sie jahrzehntelang vor sich her. Die Bahnsteige B und C wurden 1966 wegen Baufälligkeit gesperrt und später ersatzlos abgerissen. Ansonsten wurde immer weiter geflickt und improvisiert und nur das Nötigste repariert – schließlich sollte immer wieder bald die gründliche Sanierung kommen.

Welchen finanziellen, technischen und organisatorischen Kraftakt diese bedeutete, zeigte sich, als sich die Deutsche Bahn AG ab 2006 (offiziell ab 2007) endlich daran machte, zumal der Umbau natürlich bei laufendem Betrieb durchgeführt werden musste. Denn bis heute gilt Ostkreuz als der am meisten frequentierte Umsteigebahnhof Berlins, 2018 zählte man hier 235 000 Fahrgäste täglich. Außerdem laufen auf der Ring- wie auf der Stadtbahnebene auch Fern- und Regionalbahngleise durch die Station.

Die Bahn ging dann so vor, wie sie es an allen großen Knotenpunkten in Berlin nach 1990 tat: praktisch kompletter Kahlschlag und Neubau – Denkmalschutz hin oder her. Von all den Seltsamkeiten, der morbiden Schönheit des Niedergangs und den zahlreichen Geschichtsspuren blieb praktisch nichts übrig. (Sehr treffend nennt sich ein Fotoblog mit vielen historischen Bildern der Station „lostkreuz.de".) Vom „Rostkreuz" überlebten nur der (2015 von der Bahn verkaufte) Wasserturm und die gleichfalls am Rande des Bahnhofs und damit nicht weiter im Weg stehenden Beamtenwohnhäuser, deren weitere Verwendung ebenso offen ist.

Was hier heute ansonsten alt aussieht, ist nachgebastelt worden, wie zum Beispiel die Dächer und Häuschen auf den Stadtbahnsteigen, die eingehauste

Blick in die Ringbahnhalle, die anstelle des alten Bahnsteigs F entstanden ist

Verbindungsbrücke an deren Westrand (ursprünglich eine Zutat aus der Zwischenkriegszeit) oder das Zugangsgebäude an der Neuen Bahnhofstraße.

Leider alles andere als elegant wirkt die 2012 eröffnete Ringbahnhalle, die doch sicher als architektonischer Höhepunkt des Ostkreuz-Neubaus gedacht war: Aus der Distanz mutet sie an wie eine riesige, klobige Truhe, die jeden Moment auf die Gleise und die unter sie geschobenen Stadtbahnsteige zu plumpsen droht. Innen sieht es noch schlimmer aus: Wie am Bahnhof Südkreuz, den ebenfalls das Architektenbüro JSK ausführte (von dem auch die Überbauung der Station Frankfurt (Main) Flughafen Fernbahnhof stammt), soll der Ringbahnsteig über einen in der Mitte verlaufenden Gang erschlossen werden. Doch am Ostkreuz stimmen die Proportionen nicht. Die Deutsche Bahn AG hat sie allzu sehr mit düster wirkenden Verkaufspavillons und Reklametafeln vollgestellt. Die Abgänge zu den Bahnsteigen und den Ausgängen gehen dazwischen fast unter. Manchmal hängt auch noch Werbung von der Decke. So entsteht nicht nur kein Raumeindruck (zumindest kein positiver), man kann auch kaum von der einen Bahnsteigseite zur anderen blicken. Die gesamte Anlage ist unübersichtlich, und bezeichnenderweise erlebt man es immer wieder, dass Fahrgäste zunächst etwas ratlos durch die Halle laufen. Immerhin schützt sie ein wenig den parallel liegenden Regionalbahnsteig, auf dem die Fahrgäste ansonsten noch immer weitgehend Wind und Wetter ausgesetzt sind. Die ursprünglich auch für ihn geplante Halle wurde eingespart.

Ein Regionalexpress Richtung Cottbus am Ostkreuz. Im Hintergrund ist die Fußgängerüberführung zu sehen, die im Rahmen der Umbauarbeiten nach historischem Vorbild neu gebaut wurde.

Ostkreuz hat zwar nicht nur den Bahnsteig A verloren (nun fahren alle Züge zwischen Stadtbahn und Südring ohne Halt durch), sondern auch die komplette Nordringkurve und damit die ebenso unwirtliche wie originelle Zugangssituation aus Richtung Friedrichshain, die in manchem Spielfilm zu sehen war. An die Stelle einer schmalen Passage durch einen alten Bahndamm ist ein weiter, offener Platz getreten. Andererseits ist Ostkreuz 2015 Regional- und für vereinzelte Züge sogar Fernbahnhalt geworden und besitzt heute insgesamt sieben Bahnsteige. Diese sind nun alle durch Aufzüge und Rolltreppen miteinander und mit den Ausgängen verbunden. Welche Bedeutung die Station hat, ist auch daran zu erkennen, dass von den Stadtbahnsteigen (an denen jetzt Richtungsverkehr herrscht) jeweils zwei nebeneinander angeordnete Rolltreppen aufwärts zur Ringbahnebene führen – etwas, das im Berliner U- und S-Bahn-Netz nur (noch) selten zu finden ist.

Ende 2018 waren endlich alle vorgesehenen Gleise in Betrieb. Wirklich abgeschlossen war der Neubau damit aber nicht. Auch danach erfolgten noch Arbeiten auf den Bahnsteigen und an deren Zugängen. Und wann die Trasse der Straßenbahn, die derzeit einige Hundert Meter entfernt fährt, zum Ostkreuz verlegt werden kann, steht weiterhin in den Sternen. Im mittlerweile weitgehend gentrifizierten Friedrichshainer Kiez fürchten Bewohner der Sonntagstraße, durch die die Gleise verlegt werden sollen, um ihre Ruhe und wohl vor allem um ihre Parkplätze.

Blick von Osten auf den Bahnhof Friedrichstraße

BERLIN Friedrichstraße

Unter den vielen seltsamen Dingen im durch die Mauer geteilten Berlin rangierte der Bahnhof Friedrichstraße ganz vorn: Er lag mitten im Ostteil der Stadt, durfte aber zum Teil nur von West-Berlinern genutzt werden. Diese konnten dort auch einkaufen, mussten sich dabei aber vor Vertretern der westlichen Staatsmacht in Acht nehmen. Die Station war Grenzübergang, Agentenschleuse, aber auch einfach nur ein großer (Umsteige-)Bahnhof.

Entstanden war er mit der 1875-82 erbauten Stadtbahn, die die von Osten und Westen auf Berlin zulaufenden Bahnstrecken miteinander verband und dabei auch die Berliner Innenstadt erschloss. Sie war damit ein Vorläufer der Innenstadttunnel, die nach dem Zweiten Weltkrieg in München, Hamburg, Stuttgart, Frankfurt am Main oder Leipzig gebaut wurden. Da sich um 1880 die Elektrotechnik noch in den Kinderschuhen befand und nahezu alle Bahnen mit Dampf betrieben wurden, errichtete man die gut elf Kilometer lange Berliner Stadtbahn oberirdisch, zu einem kleinen Teil auf Dämmen und hauptsächlich auf 731 gemauerten Viaduktbögen. Sie war damit die erste Viaduktbahn auf dem europäischen Kontinent, zu einer Zeit, als es noch üblich war, auch innerstädtische Verbindungsbahnen ebenerdig auszuführen. Aus städtebaulichen und Kostengründen konnte die Stadtbahn nicht den geraden Weg zwischen dem Schlesischen Bahnhof (heute Ostbahnhof) und dem Bahnhof Charlottenburg nehmen, entlang der Leipziger Straße, die bis zum Zweiten Weltkrieg Berlins wichtigste Einkaufsstraße war.

Anders als die späteren S-Bahn-Tunnel sollte die viergleisige Stadtbahn nicht nur dem Lokal- und Vorort-, sondern auch dem Fernverkehr dienen (Güterverkehr gab es nur zur Zentralmarkthalle am Alexanderplatz). Sie war sogar als „in die Länge gezogener Hauptbahnhof" gedacht, da Berlin einen solchen fast 150 Jahre lang weder vom Namen noch von der Funktion her besaß. Am Alexanderplatz, an der Friedrichstraße und am Zoologischen Garten erhielten daher auch die Ferngleise Bahnsteige. Da schon damals kaum ein Fernreisender in Berlin bloß schnell umsteigen wollte, hielten am Lehrter Bahnhof, dem Standort des heutigen Hauptbahnhofs, nur die Lokal- bzw. Vorortzüge. Die besondere Funktion der Stadtbahn kam bis 2006 auch in der Zielbezeichnung zum Ausdruck, die an den Zügen und auf den Fahrkarten stand: Nicht „Berlin Friedrichstraße" oder „Berlin Zoologischer Garten", sondern „Berlin Stadtbahn", und dies auch während der Zeit der Teilung im Osten wie im Westen.

Dennoch wurde der Bahnhof Friedrichstraße, in einer weiten Kurve direkt an der Spree errichtet, anfangs auch als „Centralbahnhof" bezeichnet. Er lag einerseits ziemlich genau in der Mitte der Strecke, andererseits eben an der Friedrichstraße,

Der Bahnhof Friedrichstraße 1885, drei Jahre nach seiner Eröffnung

die damals Teil der wichtigsten Nord-Süd-Achse durch Berlin war. Sie war geprägt von Büros (und Anfang des 20. Jahrhunderts der beginnenden Filmindustrie) und Vergnügungslokalen, darunter das berühmte Varieté „Wintergarten", das im direkt neben dem Bahnhof errichteten luxuriösen Central-Hotel entstanden war. Nicht zuletzt befand sich in der Friedrichstraße der bekannteste Straßenstrich Berlins.

Schon drei Jahrzehnte nach Aufnahme des Betriebs war die Stadtbahn ein Sanierungsfall. Weil der Verkehr mindestens so stark gewachsen war wie die Stadt und die Lokomotiven immer schwerer geworden waren, mussten die Bögen verstärkt und viele Brücken und Bahnsteighallen ausgetauscht werden. Letztere hatten außerdem die Rauchgase der Dampfloks zerfressen.

Beim Bahnhof Friedrichstraße stand ferner eine Erweiterung an: 1913–25 wurde die alte Halle abgerissen und durch eine 39 Meter breite viergleisige für den Fernverkehr sowie eine 19 Meter breite zweigleisige für den Vorortverkehr ersetzt. Der verbreiterte Sockel übernahm weiterhin die Funktion eines Empfangsgebäudes. Der Architekt Carl Theodor Brodführer verkleidete ihn mit violett-braunen Eisenklinkern, die mit ein wenig expressionistischem Schmuck dekoriert wurden.

1923 wurde endlich, verzögert durch den Ersten Weltkrieg und seine Folgen, die U-Bahn unter der Friedrichstraße eröffnet. Der elektrische Betrieb auf den Vorortgleisen der Stadtbahn begann 1928. 1936, rechtzeitig zu den Olympischen Spielen, ging der erste Abschnitt des S-Bahn-Tunnels in Betrieb,

Pferdekutschen, Automobile und Passanten auf der Friedrichstraße

der wenigstens den Vorortverkehr der nördlichen und südlichen Strecken miteinander verband.

Nach dem Zweiten Weltkrieg führten beide Tunnel von West-Berlin unter Ost-Berlin hindurch nach West-Berlin. Auf der Stadtbahn war Friedrichstraße die erste bzw. letzte Station im sowjetischen Sektor. Mit dem Kalten Krieg zwischen Ost und West, der 1948 offen ausbrach, verschärften sich rasch die Konfrontation und die Spaltung in Berlin. 1951/52 wurde von der DDR-Reichsbahn, die auch in den Westsektoren die Eisenbahn betrieb, der Fernverkehr aus, in und durch diese weitgehend eingestellt. Übrig blieb nur die Stadtbahn mit dem Bahnhof Zoologischer Garten. Da die Transitzüge nach Westdeutschland in Friedrichstraße ein- und aussetzten, konnte man auch hier ein- oder aussteigen. Die internationalen Züge, von denen es noch weniger gab, mussten ohnehin zur Kontrolle halten. Ab 1953 stand dafür jedoch nur noch der südliche Bahnsteig zur Verfügung. Die Gleise am anderen Fernbahnsteig waren mit Stromschienen versehen worden, sodass sie nun auch von der S-Bahn genutzt werden konnten. In der eigentlichen S-Bahn-Halle stoppten nur noch die Züge Richtung Westen, vor allem zur Kontrolle ihrer Passagiere stand also etwas mehr Zeit zur Verfügung. Natürlich konnte sie dennoch nur stichprobenartig erfolgen.

Mit dem Mauerbau 1961 endeten die West-Berliner S-Bahn-Züge auf der Stadtbahn in der Fernbahnhalle, die Ost-Berliner in der S-Bahn-Halle. Zwischen beiden wurde eine halbhohe Wand errichtet, zunächst aus Glas, später aus Metallplatten. Nach einem Fluchtversuch

Eine Dampflok überquert die Spree am Bahnhof Friedrichstraße. 1970

Wartende Menschen am Taxistand am Bahnhof Friedrichstraße. Im Hintergrund sind der Admiralspalast mit dem Metropol-Theater und dem Kabarett „Distel" zu sehen. 1986

Im „Tränenpalast", der ehemaligen Ausreisehalle der Grenzübergangsstelle Bahnhof Friedrichstraße, befindet sich heute die Dauerausstellung „Alltag der deutschen Teilung".

Die Nordseite des Bahnhofs

verlängerte man sie bis zur Dachkante. Auch sonst gab es am Bahnhof viele Sichtblenden. Östlich von ihm bestand auf der Stadtbahn fortan die einzige Verbindung zwischen den beiden S-Bahn-Teilnetzen.

Von den Ost-Berliner Stationen auf den Tunnelstrecken blieb nur Friedrichstraße geöffnet, denn der Bahnhof wurde zum Grenzübergang umgebaut. Als einziger innerstädtischer Kontrollpunkt durften ihn sowohl West-Berliner als auch Westdeutsche als auch Ausländer benutzen. Deshalb, und weil er so bequem erreichbar war, war er so stark frequentiert wie kein anderer.

Große Teile des Sockels wurden für die Kontrolleinrichtungen umgebaut. Da der Platz bald nicht mehr ausreichte, entstand 1962/63 nördlich des Bahnhofs eine gesonderte Halle, deren Aussehen an das eines Schwimmbads erinnert. Da hierher der „Ausreise"-Verkehr verlegt wurde, erhielt sie den Spitznamen „Halle der Tränen" oder „Tränenpalast".

Ohne die DDR-Pass- und -Zollkontrollen zu durchqueren, durften West-Berliner zwar seit dem Mauerbau den Bahnhof nicht mehr verlassen. Aber völlig unkontrolliert konnten sie hier, mitten in Ost-Berlin, zwischen den drei West-Berliner U- und S-Bahnstrecken umsteigen.

Schon wenige Monate nach der Grenzschließung entdeckte die DDR, der es stets an Geld fehlte, mit dem sie im Westen einkaufen konnte, eine neue Einnahmequelle: Auf den Bahnsteigen der Station Friedrichstraße, schließlich auch in den Gängen zwischen ihnen, entstanden Intershop-Kioske, an denen man gegen Westmark westliche (oft unter Lizenz in der DDR produzierte) Waren kaufen konnte. Vor allem Spirituosen und Tabakwaren waren gefragt, da sie deutlich günstiger als im Westen abgegeben wurden. Mochten sie sich auch sonst in der Ablehnung des östlichen Systems fast alle einig sein, beim Geld hörte für viele West-Berliner die Frontstadtmoral auf: Insbesondere zum Monatswechsel bildeten sich oft lange Schlangen, obwohl immer mehr Kioske eingerichtet wurden. Einer von ihnen verkaufte, zum Kurs 1:1, auch aktuelle Zeitungen, Zeitschriften und Bücher aus der DDR. Hier war die Nachfrage deutlich geringer. Manche Kunden konsumierten den Schnaps gleich auf dem Bahnhof – mit entsprechenden Folgen für Ordnung, Sicherheit und Sauberkeit. Allerdings durfte man sich mit der Ware auch nicht vom West-Berliner Zoll erwischen lassen: Nur wenn man „richtig" in Ost-Berlin gewesen war, also die Kontrollen passiert hatte, war die zollfreie Einfuhr erlaubt, und auch dann nur in begrenzten Mengen.

Nun hatte der Westen das Problem, lediglich stichprobenartig kontrollieren zu können. Mehr noch: Eine Kontrolle von Ausweisen oder Pässen sollte auch nur in Ausnahmefällen erfolgen, da der Westen die innerstädtische Sektorengrenze lediglich als Demarkationslinie betrachtete, aber keinesfalls als Staatsgrenze. So konnten über den Bahnhof Friedrichstraße Stasi-Agenten ebenso unbemerkt nach West-Berlin gelangen wie etwa über den Ost-Berliner Flughafen Schönefeld eingereiste Ausländer.

Nach dem Mauerfall änderte sich auch im Bahnhof Friedrichstraße vieles: Die Kontrollen wurden zunehmend lax durchgeführt, mit der Währungsunion am 1. Juli 1990 endeten sie komplett. Tags darauf wurde der durchgehende S-Bahn-Verkehr auf der Stadtbahn wiederaufgenommen.

1997 erhielt der Bahnhof Friedrichstraße direkten Straßenbahnanschluss. Bis 1998 sanierte man die Stadtbahn und elektrifizierte auch ihre Ferngleise. Bei der Renovierung und Umgestaltung der Station wurde von der Dachkante bis teils hinunter zum zweiten Untergeschoss alles herausgerissen. Erhalten blieben nur die oberirdischen Bahnsteighallen, wobei die Denkmalpflege um deren Sprossenfenster ebenso kämpfen musste wie um den Fortbestand der gesamten S-Bahn-Halle. Die unterirdischen Hallen bekamen ein neues Gesicht.

So blieb innen kaum etwas an historischer Substanz übrig, abgesehen von ein paar Fliesen in der südlichen Zugangshalle zum Tunnel-S-Bahnhof und einem restaurierten Reklamewandbild am U-Bahn-Eingang unter der Brücke über die Friedrichstraße. Dafür wurden die nach 1945 verputzten Bahnhofsfassaden wieder mit violett-braunen Klinkern verkleidet.

Statt Spuren der Geschichte findet man nur noch die üblichen Läden und Gastronomiestände. Eine Ausnahme ist der zum Museum umgestaltete „Tränenpalast", der etwas verloren und von einem Neubau bedrängt neben dem Bahnhof steht, den die Fernzüge heute ohne Halt durchqueren.

Fassade des Hamburger Bahnhofs, der heute das Museum der Gegenwart beherbergt

BERLIN Hamburger Bahnhof

Acht große Kopfbahnhöfe besaß Berlin einst. Übrig geblieben ist von ihnen nur der Hamburger Bahnhof, und das auch nur, weil er bereits 1884 stillgelegt wurde.

Berlin und Hamburg frühzeitig durch die Eisenbahn miteinander zu verbinden lag nicht nur nahe, weil diese schon Mitte des 19. Jahrhunderts zwei der größten Städte im deutschen Sprachraum waren. Der 1844–46 erfolgte Trassenbau durch die norddeutsche Tiefebene war auch denkbar einfach: Keine großen Steigungen waren zu überwinden, keine Berge zu durchstechen oder zu untertunneln, keine großen Ströme zu überqueren.

Friedrich Neuhaus, der spätere Direktor der Berlin-Hamburger Eisenbahn-Gesellschaft, gab für die Gestaltung der Empfangsgebäude eine Linie vor, die zu einem „Corporate Design" führte, das noch immer von Berlin-Spandau bis Friedrichsruh vor den Toren Hamburgs erkennbar ist: Meist in einem schlichten, nichtsdestoweniger nobel wirkenden Klassizismus gehalten, setzten sich die hell verputzten Bahnhöfe deutlich ab von den Backstein- und Fachwerkbauten, die die Kleinstädte Brandenburgs, Mecklenburgs und Lauenburgs beherrsch(t)en.

Häufig wurde Neuhaus selbst als Architekt tätig. So auch beim Hamburger Bahnhof in Berlin, den er zusammen mit Ferdinand Wilhelm Holz schuf und dem eine stilbildende Wirkung für Bahnhofsbauten wenigstens in Preußen zugeschrieben wird. Fachleute für Eisenbahngeschichte können an einem Detail erkennen, dass es sich um ein sehr altes Gebäude eines Kopf-, also Endbahnhofs handeln muss: Die beiden großen Bögen in der Mitte der Hauptfassade waren einst offen. Durch sie fuhren die Lokomotiven aus der Bahnsteighalle hinaus, wurden auf einer Drehscheibe, die sich vor dem Stationsgebäude befand, gedreht, und dampften dann wieder in die Halle zurück, bereit zur Rückfahrt.

Während andere große Bahnhöfe aus der Frühzeit der Eisenbahn durch umfangreichere, prächtigere Neubauten ersetzt wurden, wurde der Hamburger Bahnhof 1884 geschlossen. Seinen Verkehr übernahm der benachbarte Lehrter Bahnhof, der 1871 dort eröffnet worden war, wo sich seit der Wende zum 21. Jahrhundert der Hauptbahnhof erhebt.

Aber auch am Hamburger Bahnhof ist inzwischen vieles von dem, was alt wirkt, Neubau. Zunächst wurde die Bahnsteighalle ersetzt: Was heute wie eine solche anmutet, ist in Wahrheit eine Ausstellungshalle, die entstand, als man den Bahnhof zum Ende 1906 eröffneten Verkehrs- und

Ansicht des Hamburger Bahnhofs im Jahr 1852

Baumuseum umfunktionierte. Noch immer prangt dieser Name zwischen den beiden Torbögen in der Mitte der Hauptfassade. Zwischendurch hatte der Bahnhof Wohn- und Verwaltungszwecken gedient. 1909–16 wurden ihm die vorderen Seitenflügel angefügt, wodurch sich der Vorplatz zum Ehrenhof wandelte.

Im Zweiten Weltkrieg erlitt die gesamte Anlage erhebliche Schäden. Große Teile des ursprünglichen Empfangsgebäudes wurden zur Ruine und später abgerissen. Übrig blieb wenig mehr als die beiden Türme und der zwischen ihnen gelegene Bereich mit den einstigen Durchfahrten sowie die Halle dahinter. Zu diesem Zeitpunkt war der Hamburger Bahnhof bereits in einen Dornröschenschlaf gefallen, der Jahrzehnte andauern sollte. Schuld daran war der Ost-West-Konflikt. Weniger weil die Grenze zwischen Ost- und West-Berlin gleich nebenan, entlang des Berlin-Spandauer Schifffahrtskanals, verlief, lag der Bahnhof – anders als gelegentlich zu lesen – nie im „Niemandsland". Vielmehr hatten die Westalliierten kurz nach dem Zweiten Weltkrieg auch in ihren Berliner Besatzungssektoren die Deutsche Reichsbahn der Sowjetischen Besatzungszone mit dem Bahnbetrieb beauftragt.

Was 1945/46 eine pragmatische Lösung war, führte wenig später, nach Beginn des Kalten Krieges, zu vielen Problemen und Konflikten. So legte die Deutsche Reichsbahn der mittlerweile gegründeten DDR 1951/52 alle verbliebenen Berliner Kopfbahnhöfe still, weil diese sich entweder in West-Berlin befanden oder nur über West-Berliner Gebiet angefahren werden konnten. Bald darauf wurden die kriegsbeschädigten Gebäude abgerissen, da man damals wenig Sinn für ihren zeit- oder gar kunsthistorischen Wert besaß.

Auch dem Hamburger Bahnhof drohte dieses Schicksal. Allerdings war er, dessen Vorfeld noch immer als Güterbahnhof diente, der DDR-Reichsbahn als Bahnbetriebsanlage übertragen worden. West-Berliner Stellen hatten darauf keinen Zugriff, und in Ost-Berlin wusste man mit dem geschlos-

Blick vom Humboldthafen über die Stadtbahnbrücke hinweg auf den Hamburger Bahnhof, 1894

Heute wird im Hamburger Bahnhof Gegenwartskunst präsentiert.

senen Museum wenig anzufangen. Es ist vor allem einzelnen Reichsbahnern zu verdanken, dass das Gebäude und die darin verbliebenen Exponate einigermaßen gepflegt wurden.

Erst 1984, als die Betriebsführung der West-Berliner S-Bahn von der DDR-Reichsbahn in West-Berliner Hände überging, wurde nebenher auch das Problem Hamburger Bahnhof gelöst: Ein Teil der Sammlung ging an das damalige DDR-Verkehrsmuseum in Dresden, der andere an das inzwischen gegründete West-Berliner Museum für Verkehr und Technik, heute Deutsches Technikmuseum Berlin. Die Immobilie übernahm das Land Berlin (West). Für kurze Zeit konnte das Verkehrs- und Baumuseum noch einmal besichtigt werden. Richtig wiedereröffnet wurde das Gebäude nach ersten Sanierungsarbeiten zur 750-Jahr-Feier Berlins 1987, als hier die Ausstellung „Reise nach Berlin" stattfand.

1988 übertrug das Land den Hamburger Bahnhof an die Stiftung Preußischer Kulturbesitz. Unter dem Architekten Josef Paul Kleihues wurde er umfassend saniert und rekonstruiert – äußerlich sieht er heute wieder aus wie vor 100 Jahren. Im November 1996 erfolgte die Eröffnung als „Museum für Gegenwart", womit eigentlich „nur" Gegenwartskunst gemeint ist. Inspiriert wurde diese Nutzung sicher auch durch das berühmte Beispiel des Pariser Gare d'Orsay, der 1945 stillgelegt und 1979–86 zum Musée d'Orsay umgebaut worden war. Als das Museum für Gegenwart 2004 die Friedrich Christian Flick Collection als Dauerleihgabe erhielt, baute das Architekturbüro Kuehn Malvezzi angrenzende Speditionshallen für Ausstellungszwecke um. Mit diesen sogenannten Rieckhallen verfügt der Hamburger Bahnhof nun über eine Ausstellungsfläche von mehr als 10 000 Quadratmetern und ist das größte der fünf Häuser der Nationalgalerie. Allerdings gelang es nicht, die Hallen dem Museum dauerhaft zu sichern. Mit ihrem bevorstehenden Abriss endet im Herbst 2021 auch der Leihvertrag über die Friedrich Christian Flick Collection.

Die Ostseite des 2006 eröffneten Berliner Hauptbahnhofs

BERLIN Hauptbahnhof

Wirklich große Metropolen, Hauptstädte großer Länder mit entsprechend großen Eisenbahnnetzen, haben häufig keinen Hauptbahnhof: Das Verkehrsaufkommen war und ist viel zu groß, um es in einer einzigen Station zu konzentrieren. Für London, Paris oder Moskau gilt dies bis heute.

In Berlin verteilte sich der Fernverkehr per Schiene bis 1945 auf rund ein halbes Dutzend große Kopfbahnhöfe sowie die Stadtbahn, die sich zwischen dem heutigen Ostbahnhof und der Station Charlottenburg durch das Stadtzentrum zieht.

Der Zweite Weltkrieg und seine Folgen bereiteten diesem Konzept ein Ende. Die DDR-Reichsbahn, die auch für den Eisenbahnbetrieb in West-Berlin zuständig war, legte 1951/52 alle Kopfbahnhöfe still, da sie sich im Westsektor befanden oder nur über diesen zu erreichen waren. Dort gab es Fernverkehr fortan nur noch auf der Stadtbahn und ihren beiden westlichen Zulaufstrecken. In Ost-Berlin führte die Abgrenzungspolitik zu jahrzehntelangen Provisorien.

Erst in den 1980er-Jahren standen dem Fernverkehr dort angemessene Stationen zur Verfügung. Als Krönung des Ausbauprogramms sollte das Empfangsgebäude des Ostbahnhofs komplett neu gebaut werden. Weil Berlin 1987 seinen 750. Geburtstag feierte, benannte man die Station schon einmal in „Hauptbahnhof" um.

Nach 1990 musste Berlins Eisenbahnnetz nicht nur an die Verhältnisse der wiedervereinigten Stadt angepasst, sondern umfassend modernisiert und ausgebaut werden. Schnell tauchte wieder eine Idee auf, die bereits Anfang des 20. Jahrhunderts diskutiert worden war: die ost-westlich verlaufende Stadtbahn durch eine Verbindung der nördlichen mit den südlichen Strecken zu ergänzen. Schon zu Kaisers Zeiten war klar gewesen, dass man eine solche Trasse nicht mehr wie die Stadtbahn um 1880 oberirdisch durch Berlin schlagen könnte.

Auch nach 1990 war der ideale Ort für die Kreuzung des Nord-Süd-Tunnels mit der Stadtbahn der Bahnhof Friedrichstraße: mitten in der alten City, deren Wiederbebauung und damit Wiederbelebung schon zu DDR-Zeiten begonnen hatte, durch U- und S-Bahn in alle Himmelsrichtungen gut angebunden. Denn nicht von ungefähr kreuzte die unterirdische Verbindung der nördlichen mit den südlichen S-Bahn-Strecken, die 1934–39 gebaut worden war, hier die Stadtbahn.

Allerdings schreckte man davor zurück, einen Fernbahntunnel durch teils dicht bebautes Gebiet

Der im Krieg stark beschädigte und schließlich abgerissene Lehrter Bahnhof. Postkarte, abgestempelt 1918

zu führen und eine mehrgleisige unterirdische Bahnsteighalle unter der bestehenden Anlage mit bereits zwei Tunneln zu errichten – noch dazu direkt neben der Spree.

So fiel die Wahl auf das eine Station weiter westlich gelegene Areal des früheren Lehrter Bahnhofs, wo allerdings noch die „Lehrter Stadtbahnhof" genannte alte Stadtbahnstation stand. Erst 1987 war sie mit viel Aufwand renoviert worden. Das zählte nun so wenig wie der Denkmalschutz, der auch für das Stadtbahnviadukt und die Brücke über den Humboldthafen galt.

Den Architekturwettbewerb für den neuen Hauptbahnhof gewann das Büro von Gerkan, Marg und Partner. Es reagierte auf den Umstand, dass ein wesentlicher Teil der Station von außen nicht zu sehen ist, mit zwei Brückenbauten über der oberirdischen Bahnsteighalle, die den Tunnelverlauf nachzeichnen und in denen sich Läden und Büros befinden. Zwischen ihnen spannt sich ein ebenfalls gewölbtes Querdach.

1995 begannen erste Arbeiten, 1998 erfolgte die Grundsteinlegung. Lange wurde um den Namen gestritten. War zunächst traditionell vom Lehrter Bahnhof die Rede, erschien manchem Politiker und Bahnmanager bald die Bezugnahme auf die Kleinstadt, die ein erster Eisenbahnknoten im Königreich Hannover war, als zu unbedeutend. In einer Internetabstimmung votierten rund 70 Prozent der Teilnehmer – trotz einer Frageformulierung, die sie auf einen anderen Pfad locken sollte – für „Lehrter Bahnhof" (was noch heute auf einigen Zusatzschildern des S-Bahnsteigs steht). Der damalige Bahnchef verfügte schließlich die Bezeichnung „Hauptbahnhof".

Ebenso rigoros war die Entscheidung, die Decke der unterirdischen achtgleisigen Bahnsteighalle aus Kostengründen glatt auszuführen anstatt mit vielen Gewölben und die Überdachung der oberirdischen sechsgleisigen Bahnsteighalle um über 100 Meter auf rund 321 Meter zu verkürzen. So konnte 2002 die neue Stadtbahntrasse in Be-

Blick in die obere Bahnsteighalle des Hauptbahnhofs

Die Bahnsteighalle der U-Bahn

trieb genommen und im Frühjahr 2006 der Bahnhof endlich eröffnet werden – vier Jahre später als anfangs geplant.

Inzwischen sind rund um den Bau, der anfangs allein auf weiter Flur stand, schon viele Häuser emporgewachsen. Man kann ihn daher kaum noch mit einem Blick ganz erfassen, die verstümmelte Bahnsteighalle fällt vor allem den Fahrgästen auf, die auf den Fernbahnsteigen im Regen stehen.

Auch sonst lief manches nicht wie geplant: Für die Büroräume in den Brückenbauten fanden sich keine Mieter, schließlich zog die Deutsche Bahn AG selbst ein. Während des Orkans Kyrill 2007 fiel ein tonnenschwerer Stahlbalken aus der Fassade. Wie sich herausstellte, war er überhaupt nicht befestigt gewesen. Der U-Bahnhof wurde 2009 eröffnet, er ist allerdings bis Ende 2020 nur Teil einer 1,8 Kilometer langen Minilinie, die über den Bundestag zum Brandenburger Tor führt. Der Straßenbahnanschluss erfolgte erst Ende 2014. Den unterirdischen S-Bahnhof für eine weitere Nord-Süd-Verbindung hatte man zunächst ganz eingespart. Sein für die 2020er-Jahre vorgesehener Bau verursacht neue Probleme und Sperrungen am Hauptbahnhof, an dem ohnehin bereits einiges sanierungsbedürftig ist.

Noch konsequenter, als es bei bestehenden Bauten möglich war, ist der Berliner Hauptbahnhof im Inneren als „Einkaufszentrum mit Gleisanschluss" gestaltet worden: Die Geschosse, die mit Läden gefüllt sind, bestimmen das Bild, irgendwo ganz oben und ganz unten fahren auch noch Züge. Entsprechend lang und umständlich sind die Wege. Vor allem das Umsteigen zwischen den beiden Bahnsteighallen ist zeitraubend.

Der Westkopf des Hauptbahnhofs liegt übrigens auf bahnhistorisch bedeutendem Gebiet: Das Areal des Universum-Landesausstellungsparks (ULAP) beherbergte 1879 die Berliner Gewerbeausstellung. Auf ihr führte Werner Siemens die erste funktionsfähige elektrische Lokomotive der Welt vor. Staunende Fahrgäste beförderte sie über einen kleinen Rundkurs.

Blick vom Hardenbergplatz auf den Bahnhof Zoologischer Garten

BERLIN Zoologischer Garten

Fast vier Jahrzehnte lang war er der faktische Hauptbahnhof West-Berlins. Einen Eindruck von den Problemen und den Eigenartigkeiten dieser halben Stadt konnte er jedem Auswärtigen vermitteln, der auf ihm ankam. Und auch, was mit dem Bahnhof Zoo nach der Wiedervereinigung geschah, ist bezeichnend für die Entwicklung Berlins.

Als der Bahnhof Zoologischer Garten 1882 mit der Berliner Stadtbahn, der viergleisigen, kreuzungsfreien Ost-West-Verbindung durch Berlin und das damals noch eigenständige Charlottenburg, eröffnet wurde, existierte an dieser Stelle wenig mehr als sein Namensgeber. Die Fernbahnhalle wurde erst ab 1884 genutzt.

Doch bald begannen die westlich und südwestlich der Reichshauptstadt gelegenen Kommunen, heftig um den Zuzug besserverdienender Berliner zu werben. Ab etwa 1890 schossen in Charlottenburg, Wilmersdorf oder Schöneberg neue Wohnviertel mit repräsentativen Mietshäusern für die Mittelschicht aus dem Boden. Weite Teile der heutigen Berliner Innenstadt entstanden erst zu dieser Zeit.

Anfang des 20. Jahrhunderts entwickelte sich die Gegend am Zoo auch zum neuen Vergnügungsviertel zumindest der anspruchsvolleren Berliner: Der „Neue Westen", auch „Berlin WW" genannt (obwohl er bis 1920 gar nicht Berliner Stadtgebiet war), lief mit seinen Lokalen, Theatern und Kinos der Friedrichstraße den Rang ab.

1902 wurde der Bahnhof Zoo zum Endpunkt der ersten Strecke der Hoch- und Untergrundbahn, die von der Warschauer Brücke kommend eine südliche Ergänzung der Stadtbahn schuf.

In den 1920er-Jahren, als der nun nach Berlin eingemeindete „Neue Westen" seine glanzvollste Zeit erlebte, genügte der Bahnhof Zoo mit seinen beiden kleinen, niedrigen Bahnsteighallen nicht mehr den Anforderungen. Außerdem musste die gesamte Stadtbahn saniert und modernisiert werden.

Zunächst widmete man sich jedoch den Stationen Friedrichstraße, Alexanderplatz, Jannowitzbrücke und dem heutigen Ostbahnhof. Der Bahnhof Zoo kam, nach Plänen des Reichsbahnarchitekten Fritz Hane, erst ab 1934 an die Reihe: Der Viadukt wurde verbreitert und teils neu gebaut, um den Fernzügen künftig vier statt zwei Bahnsteiggleise bieten zu können. Die Bahnsteighallen mit ihren gemauerten Seitenwänden ersetzte man durch Hallen mit stählernen Wänden. Dass jene für die Fernzüge mit 14 Metern mehr als doppelt so hoch ausfiel wie die für die S-Bahn, hatte nicht nur ästhetische Gründe: Noch dominierten im Fernverkehr Dampflokomotiven, während die Stadt-, Ring- und Vorortbahn inzwischen elektrifiziert worden war. Der Empfangsbereich im Sockel wurde völlig neu gestaltet: sachlich-elegant mit blassgelben Fliesen. Außen verkleidete man den Viadukt, dem Zeitgeschmack gemäß, mit Platten aus Muschelkalk.

Die neue S-Bahn-Halle stand schon zu den Olympischen Spielen im Sommer 1936 zur Verfügung. Die große Brücke über die Hardenbergstraße, auf der auch sie ruhte und die ohne Zwischenstützen auskommt, bereitete allerdings noch jahrelang Probleme: Ganz modern war sie geschweißt worden. Aber diese Technik erwies sich als unausgereift, schließlich musste die Brücke doch noch genietet werden.

Die Fernbahnhalle wurde 1940 fertiggestellt. In weiser Voraussicht (oder böser Vorahnung) verglaste man sie noch nicht: Die Scheiben wären spätestens im Herbst 1943 zu Bruch gegangen, als schwere Luftangriffe auch die Gegend am Zoo trafen. Dennoch erlitt der Bahnhof nur relativ geringe Schäden. Seine größte (aber in vieler Hinsicht auch schwierigste) Zeit begann bald nach Kriegsende, weil inzwischen der Kalte Krieg zwischen Ost und West ausgebrochen war. Aus praktischen Erwägungen hatten Amerikaner, Briten und Franzosen auch in ihren Berliner Besatzungssektoren den Eisenbahnverkehr der Deutschen Reichsbahn der sowjetischen Besatzungszone, die Berlin umgab, überlassen. Als sich die einstigen Alliierten zerstritten, wagte keine Seite mehr, an diesen Status quo zu rühren. Da viele Menschen die DDR, gleich nachdem sie aus der sowjetischen Zone entstanden war, verlassen wollten, stellte die Reichsbahn 1952 nahezu den gesamten Personenverkehr nach oder durch West-Berlin ein. Die einzige Ausnahme blieb, neben der S-Bahn

Stadt- und U-Bahnhof Zoologischer Garten. Postkarte, abgestempelt 1913

Bahnhof Zoologischer Garten mit Hardenbergplatz. Postkarte, abgestempelt 1967

Ein Zug bei der Ausfahrt aus dem Bahnhof Zoologischer Garten, 1976

(bis zum Mauerbau 1961), die Stadtbahn mit ihren beiden westlichen Zulaufstrecken. Der Bahnhof Zoo wurde so zum Hauptbahnhof West-Berlins, von 1952 bis 1976 war er sogar der einzige Fernbahnhalt in der Halbstadt. Angefahren wurde er nur von relativ wenigen Transitzügen von und nach Westdeutschland, die die West-Berliner auch dann noch beharrlich „Interzonenzüge" nannten, als es längst keine Besatzungszonen mehr gab. Hinzu kamen Transitverbindungen über die Ostsee nach Skandinavien, über Prag nach Wien und als spektakuläre Erinnerung an bessere Eisenbahnzeiten der „Ost-West-Express" zwischen Paris und Moskau.

Zwar waren die Kriegsschäden am Bahnhof Zoo im Laufe der 1950er-Jahre behoben worden, hatte er bis 1957 auch endlich seine (wie damals üblich undurchsichtige) Verglasung und, nach Plänen von Horst Engel, den von Anfang an vorgesehenen Restaurantanbau am Hardenbergplatz erhalten. Auf Letzterem entstand ein großer Busbahnhof, nachdem unter ihm 1961 eine zweite U-Bahn-Linie in Betrieb genommen worden war. Dennoch ging es mit dem Bahnhof Zoo in den 1960er-Jahren allmählich bergab. Die Züge der S-Bahn waren hier zwar noch ziemlich voll, zumindest von und nach Osten, wo sie mit dem Bahnhof Friedrichstraße den wichtigsten innerstädtischen Kontrollpunkt bedienten. Aber wie beabsichtigt wurde der DDR-Reichsbahn mit dem S-Bahn-Boykott, der gleich nach dem Mauerbau 1961 ausgerufen worden war und von den meisten West-Berlinern befolgt wurde, großer finanzieller Schaden zugefügt. Dementsprechend war sie nicht bereit, viel in den Unterhalt oder gar die Erneuerung der Anlagen in West-Berlin zu stecken, zumal die westliche Seite sowieso lieber den modern anmutenden Flugverkehr förderte, der außerdem den einzigen von der DDR nicht kontrollierten Zugang zur Inselstadt bot. Die Bundesregierung subventionierte sogar die Flugpreise.

Die Bundesbahn ihrerseits tat wenig, um den Berlin-Verkehr zumindest auf ihrem Territorium attraktiver zu gestalten, und setzte immer wieder alte Wagen ein. Platzkarten wurden doppelt verkauft, die Züge waren manchmal länger als die Bahnsteige am Zoo, die Fahrzeiten haarsträubend lang. Bis 1993 verkehrten ausschließlich Dampf- bzw. später Dieselloks.

Zum Ost-West-Konflikt gehörte, dass auch im Bahnhof Zoo gern darum gestritten wurde, wem die Polizeigewalt zustand. Dies begünstigte bereits in den 1960er-Jahren die Entstehung dessen, was gern als „typisches Bahnhofsmilieu" bezeichnet wird: eine Mischung aus (Klein-)Kriminellen, Obdachlosen und anderen Gestrandeten, Alkohol- und Drogenkonsumenten, Prostituierten. Letztere vor allem männlichen Geschlechts: Die Jebensstraße an der Bahnhofsrückseite war stadtbekannt als Standplatz nicht selten minderjähriger Stricher.

Es waren diese Zustände, die der Station spätestens durch das Buch „Wir Kinder vom Bahnhof Zoo", das 1978 erschien und ein Bestseller wurde, bundesweit traurige Berühmtheit einbrachten. Gerade wegen seiner Rolle als sozialer Brennpunkt hat der Bahnhof Zoo allerdings auch ungewöhnlich viele Spuren in der Popkultur hinterlassen, insbesondere in der Musik. Zu den problematischen Dauergästen passte das heruntergekommene Bild, das die Station damals bot: Lange war die Zeit hier mindestens in den 1950er-Jahren stehen geblieben. Auf den Bahnsteigen hingen noch Schilder in Frakturschrift, wie sie beim Bau in den Dreißigern angebracht worden waren.

Erst als sich Ost und West 1983 darüber einigten, die West-Berliner S-Bahn in westliche Hände zu übergeben, gelang auch ein Einvernehmen über die Renovierung des Bahnhofs Zoo. Rechtzeitig zur 750-Jahr-Feier Berlins 1987 wurden vor allem die Räumlichkeiten im Sockelgeschoss dem damaligen „postmodernen" Geschmack gemäß aufgehübscht, unter anderem durch bunte Muster auf dem Boden.

Aus jener Zeit stammt auch die klobige Überdachung der Fernbahnsteige. Erst als diese in den 1990er-Jahren noch einmal verlängert wurden, fand die Bahn nichts mehr dabei, ihre Fahrgäste auf einem großen Bahnhof im Regen stehen zu lassen.

Ein aus Wagen der BVG und der Deutschen Reichsbahn zusammengesetzter S-Bahn-Zug am Bahnhof Zoo. 14. November 1989

Bahnsteighalle des Bahnhofs Zoologischer Garten

Der Empfangsbereich im Sockelgeschoss des Bahnhofs Zoo, 2020

Bei mehreren weiteren „Auffrischungen" und Umbauten in den folgenden Jahrzehnten ging weitere historische Substanz verloren. 2014–20 wurden weite Teile des Sockelgeschosses schließlich „entkernt". Wiedereröffnung feierte nach rund einem Jahrzehnt der Restaurantanbau. Allerdings residiert in ihm nun eine rund um die Uhr geöffnete Edelfiliale einer Hamburgerkette.

Seit 2006 halten am Bahnhof Zoo bis auf wenige Ausnahmen keine Fernzüge mehr. Und dies nicht etwa mangels Bedarfs oder Nachfrage, sondern gerade deshalb: Die Fahrgäste sollten gezwungen werden, den in jenem Jahr eröffneten Hauptbahnhof zu nutzen, der in einer damals noch öden Gegend errichtet worden war und in dem zahlreiche Geschäfte auf Kundschaft warteten. Die offizielle Begründung der Bahn lautete freilich: Wenn die Züge nach wie vor am Bahnhof Zoo hielten, wäre aus fahrplantechnischen Gründen am Ostbahnhof kein Stopp mehr möglich – der inzwischen allerdings auch zunehmend eingespart wird.

Trotz vieler Proteste, Petitionen (eine Bürgerinitiative sammelte 140 000 Unterschriften) und auch politischer Initiativen und trotz seiner besseren Anbindung an das Bus- und Bahnnetz der westlichen Stadtteile blieb der Bahnhof Zoo zum S- und Regionalbahnhalt degradiert.

Die alte West-Berliner City, die sich einst um ihn entwickelt hatte, hat inzwischen ebenfalls viel von ihrer Bedeutung und ihrem Glanz eingebüßt. Dazu beigetragen haben wesentlich die zahlreichen Einkaufszentren und Multiplexkinos, die überall in der Stadt entstanden sind. Am nahen Kurfürstendamm, zur Zeit der Teilung wirklich die Bühne der (halben) Stadt und „Schaufenster der freien Welt", finden sich fast nur noch Geschäfte nobler Bekleidungsmarken, kaum mehr Kinos, Theater, Diskotheken, Restaurants oder gar Straßencafés. Zur vermeintlichen Aufwertung der Zoo-Gegend sind zahlreiche charakteristische Häuser durch Neubauten ersetzt worden. Für die Berliner und ihre Gäste gibt es immer weniger Grund, am Bahnhof Zoo auszusteigen.

Blick auf die Halle des Kaiserbahnhofs am Bahnhof Park Sanssouci

POTSDAM Park Sanssouci

Bei diesem Stationsnamen heißt es genau lesen: Tatsächlich liegt der Park des berühmten Potsdamer Schlosses dem Bahnhof gleich gegenüber. Der nahe Parkeingang an der Geschwister-Scholl-Straße ist sogar etwas Besonderes: Das Posttor führte auf der Weltausstellung, die 1893 in Chicago stattfand, zum deutschen Pavillon. Schloss Sanssouci befindet sich aber am anderen Ende des Parks.

1999 meinten geschichtsunkundige Entscheidungsträger, der Station den heutigen Namen verpassen zu müssen. Dabei war sie unter ihrer ursprünglichen Bezeichnung „Wildpark" (nach dem angrenzenden, von Peter Joseph Lenné gestalteten Landschaftsgarten) auch wegen eines außergewöhnlichen Bauwerks bekannt: dem „Kaiserbahnhof". Schon 1847, ein Jahr nach Eröffnung der Strecke zwischen Potsdam und Magdeburg als Verlängerung der ersten preußischen Eisenbahn, ging die Station Wildpark in Betrieb. Ihre Position hatte Lenné, der wesentliche Gestalter der Berlin-Potsdamer Gartenlandschaft, ebenso bestimmt wie die Trassenführung. Zur Verbindung zu dem nahen Neuen Palais wurde der Schlossgraben zugeschüttet und an seiner Stelle eine Allee angelegt.

1882 forderte der spätere Kaiser Wilhelm II. einen Bahnhofsneubau: Der 1868 nach der Verbreiterung der Gleisanlagen als „Kronprinzliche Einsteigehalle" errichtete Pavillon genügte den Ansprüchen der hohen Herrschaften nicht mehr. Sogar ein Anschlussgleis zum Schloss war im Gespräch. Doch erst ab 1904, als die Gleise hochgelegt wurden, kam es zur Errichtung einer neuen „Hofstation im Wildpark". Wilhelm II. wählte den Geheimen Oberhofbaurat Ernst Eberhard von Ihne als Architekten aus, von dem in Berlin unter anderem der Neue Marstall, das heutige Bode-Museum oder die Staatsbibliothek Unter den Linden stammen. In der Parklandschaft musste es allerdings nicht ganz so protzig zugehen, gewünscht wurde eine Gestaltung „im englisch-cottage Stile". Ihne, der das Empfangsgebäude, die eingleisige Bahnsteighalle und die Verkleidung der Futtermauern des Bahndamms als Einheit begriff, erreichte, dass er nicht nur das Zugangsbauwerk gestalten konnte, sondern das

Besuch des Herzogs von Cumberland in Berlin anlässlich der Hochzeit der Prinzessin Viktoria Luise mit Herzog Ernst August von Braunschweig: Kaiser Wilhelm II. (rechts) im Gespräch mit dem Herzog von Cumberland (Mitte) auf dem Bahnhof von Wildpark (heute Park Sanssouci) in Potsdam, links mit Husarenmütze Ernst August von Braunschweig

gesamte Ensemble. 1909 wurde die mit hellem Sandstein verkleidete Anlage im Wesentlichen fertiggestellt. Ihr ländlich-romantisierender, eher bescheidener Charakter war auch insofern bemerkenswert, als der gesamte Hof alljährlich zweimal zwischen der Sommerresidenz im Neuen Palais und dem Winterquartier im Berliner Stadtschloss hin und her zog. Außerdem trat der von Unrast ebenso wie dem Willen nach Allgegenwart getriebene „Reisekaiser" sämtliche seiner Fahrten im Potsdamer „Kaiserbahnhof" (der offiziell nie so hieß) an.

Der erste hier empfangene Staatsgast war Zar Nikolaus II. von Russland. Er brachte als Geschenke einen Kamin für den Kaisersaal des Bahnhofs und einen Kronleuchter mit. Zum letzten Mal monarchisch genutzt wurde die Station dann durch Kaiserin Auguste Viktoria: Ende 1918, nachdem Deutschland durch die Novemberrevolution zur Republik geworden war, folgte sie ihrem Mann von hier aus ins niederländische Exil. 1921 kehrte sie im Sarg über den Bahnhof Wildpark nach Potsdam zurück, wo sie beigesetzt wurde.

Anders als viele andere Hofstationen wurde der „Kaiserbahnhof" nach dem Ende der Monarchie nicht abgerissen: Während der NS-Zeit war Hermann Görings Befehlszug hier stationiert, ab 1945 diente der Bau dem „Blauen Express" der Roten Armee nach Moskau, bis das sowjetische Oberkommando in Deutschland 1952 nach Wünsdorf verlegt wurde. Später nutzten unter anderem die Bezirkskasse der DDR-Reichsbahn und eine Berufsschule die Säle, die schließlich zu Lagerräumen verkamen. Auch an Mitteln zur Instandhaltung historischer Gebäude herrschte in der DDR stets Mangel, und Bauten aus der Kaiserzeit wurden schon aus ideologischen Gründen vernachlässigt. (Allerdings waren sie in den ersten Jahrzehnten nach dem Zweiten Weltkrieg auch im Westen, wo der Zeitgeschmack sie als ästhetisch minderwertig beurteilte, wenig wohlgelitten.) 1967 sperrte die Baupolizei die ersten Räume im „Kaiserbahnhof", zehn Jahre später den ganzen Komplex wegen Einsturzgefahr.

Im restaurierten „Kaiserbahnhof" befindet sich heute die DB Akademie.

Im ehemaligen „Bürgerbahnhof" ist ein Ausflugslokal untergebracht.

Zeitgleich wurde er unter Denkmalschutz gestellt, was zwar den Abriss verhinderte, nicht aber den weiteren Verfall. Im Gegenteil: Die Denkmalpflege forderte, zur Ausbesserung des Dachs nur echte Schieferschindeln zu verwenden. Die waren nicht verfügbar, also blieb das Dach löchrig.

Erst 1991, als auch die DDR Geschichte war, ließ die noch immer bestehende Reichsbahn den „Kaiserbahnhof" winterfest einhausen. Der Plan, ihn als Lesesaal der um ihn herum zu errichtenden Universitätsbibliothek zu nutzen, zerschlug sich. Mitte der 1990er-Jahre bot ihn die Bahn erfolglos zum Kauf an. Am Ende des Jahrzehnts dämmerte er immer noch vor sich hin, Dach und Fenster kaputt, Decken und Treppen teilweise eingestürzt. Vom festen Inventar übrig geblieben war nur der beschädigte Kamin im Gefolgesaal. Und die Holztäfelung des Kaisersaals, die 1977 gestohlen und in einer Potsdamer Villa verbaut worden war, weshalb sie sich in hervorragendem Zustand befand, als man sie Jahrzehnte später dort aufspürte.

Kurz nach der Jahrtausendwende beschloss die Deutsche Bahn endlich, die Sache in die eigene Hand zu nehmen: Bis 2005 wurde die Hofstation vom Architektenbüro Bechtloff, Derfler, Steffen restauriert und zur Akademie für Führungskräfte der Bahn umgebaut. Viele Räume, einschließlich eines Auditoriums, wurden unterirdisch hinzugefügt, um die Gesamtansicht nicht zu stören. Wie die Bahnsteighalle, in der neue Glaswürfel und historische Waggons Arbeitsgruppenräume bieten und die auch Empfängen dient, ist die Anlage nicht öffentlich zugänglich.

Von den drei alten Bahnsteigen für den „normalen" (heute Regional-)Verkehr blieb nur der direkt an den „Kaiserbahnhof" angrenzende erhalten. Daneben entstand ein neuer mit heutiger Normausstattung. Ebenfalls schon abreißen wollte die Bahn den „Bürgerbahnhof", den sie 2006 dann aber doch an die Stadt verkaufte: Das Fachwerk-Empfangsgebäude von 1868/69, heute direkt neben dem Bahndamm gelegen, wird, inzwischen restauriert, gastronomisch genutzt.

Die Bahnsteighalle des Leipziger Hauptbahnhofs

LEIPZIG Hauptbahnhof

Das ist wirklich ganz großes Theater: Auf keinen Bahnhof in Deutschland, womöglich in Europa, trifft das gern bemühte Bild von einer „Kathedrale der Eisenbahn" mehr zu als auf den Leipziger Hauptbahnhof. Dabei geht es nicht nur um seine schiere Größe. Mit der können die Hauptbahnhöfe von München oder Frankfurt am Main spielend mithalten. Heute haben sie sogar mehr Bahnsteiggleise, während ihr Leipziger „Kollege" wenigstens flächenmäßig noch der größte Kopfbahnhof Europas ist. Doch der wesentliche Unterschied ergibt sich daraus, wie diese Größe in Leipzig in Szene gesetzt wird.

Da ist zunächst einmal die beeindruckende Zahl von sechs großen, 20 Meter hohen Schiffen, aus denen die Bahnsteighalle besteht. Zwei niedrigere Seitenschiffe eingeschlossen, können damit auf 295 Metern Breite 26 Gleise überspannt werden.

Den Gipfel bildet jedoch die Querbahnsteighalle, wie sich vor allem im Vergleich zu Frankfurt am Main zeigt: Beim dortigen Hauptbahnhof wird auch sie von den Schiffen über den Längsbahnsteigen bedeckt, ein paar quergestellte Eisenbögen fallen kaum auf. Die architektonische Ambition, und damit das Raumerlebnis, halten sich in engen Grenzen. In Leipzig dagegen erreicht das Theater hier seinen Höhepunkt: Die sechs Schiffe der Bahnsteighalle enden am Querbahnsteig in großen steinernen Bögen, sodass eine Monumentalarchitektur entstanden ist, die an die majestätischen Bögen der 307–13 errichteten Maxentiusbasilika in Rom erinnert. Dass die Decke der 36 Meter breiten Querbahnsteighalle nach ihrer vollständigen Zerstörung im Zweiten Weltkrieg vereinfacht wiederaufgebaut wurde, nämlich ohne Kassettierung und Querbögen,

Innenansicht des Leipziger Hauptbahnhofs 1913 ...

... und heute

Außenansicht des Hauptbahnhofs, um 1913

Hallengleise 17 und 18 auf der sächsischen Ostseite des Bahnhofs

steigert noch die Wirkung der Längsbögen, da nun weniger von ihnen ablenkt. Dabei zeichnen sie einfach nur die eisernen Hallenschiffe nach, sind also aus dem heraus entwickelt, was konstruktiv und funktional gegeben und notwendig ist. Gleiches gilt für die Größe des Bahnhofs mit der rekordverdächtigen Breite seiner Hauptfront von 298 Metern.

Wie andernorts war auch in Leipzig der Hauptbahnhof aus einer Neuordnung und vor allem mit dem Ziel einer Kapazitätssteigerung der Bahnanlagen entstanden, die angesichts des Verkehrs-, aber auch des Stadtwachstums notwendig geworden waren. In der Messestadt hatte man darüber seit den 1870er-Jahren diskutiert. Doch erst 1909 wurde der Grundstein für den Hauptbahnhof gelegt, Ende 1915 konnte dieser fertiggestellt werden. Denn Leipzig lag seit 1815 ganz im Norden Sachsens, und so war hier auch die preußische Eisenbahn aktiv. Am Nordrand des Rings um die Leipziger Altstadt wurden drei Kopfbahnhöfe eröffnet: 1837 der Dresdner Bahnhof als Ausgangspunkt der ersten Ferneisenbahn Deutschlands, 1840 der Magdeburger Bahnhof, Endpunkt der ersten deutschen Bahn, die mehrere Länder berührte. Sie schuf auch eine Verbindung in Leipzigs preußische Nachbarstadt Halle (Saale). Ab 1841 bestand in Köthen Anschluss nach Berlin. Und schließlich 1856 der Thüringer Bahnhof am Abzweig der Thüringer Eisenbahn zwischen Halle (Saale) und Bebra. Ferner entstanden noch im Süden der Bayerische, im Südosten der Eilenburger und im Norden, damals weit vor der Stadt, der Berliner Bahnhof.

Die angestrebte Neuordnung wurde erst durch die Konkurrenz der privaten Bahngesellschaften behindert, nach deren Verstaatlichung durch die traditionelle Abneigung zwischen den beiden Ländern. Im „Preußisch-Sächsischen Eisenbahnkrieg" soll Preußen auch darauf bestanden haben, den Leipziger „Centralbahnhof" als Kopfstation auszuführen, um ihn gegenüber dem Durchgangsbahnhof von Halle (Saale) unattraktiver zu machen. Allerdings wandten sich auch Leipzigs Stadtväter gegen die Idee einer Durchgangsstation in Schönefeld, das damals noch nicht einmal eingemeindet war: Ein Kopfbahnhof könnte wieder direkt am Ring errichtet werden, auf dem Gelände von Dresdner, Magdeburger und Thüringer Bahnhof. Nach vielen Diskussionen wurde dies 1898 beschlossen.

Es folgten ebenfalls jahrelange Verhandlungen. 1906 schrieb man endlich den Architekturwettbewerb aus, bei dem neben sehr vielem anderen vorgegeben war, dass der Bahnhof aus einem preußischen und einem sächsischen Teil zu bestehen hatte. Realisiert wurde schließlich der Entwurf des Büros von William Lossow und Max Hans Kühne mit dem schönen Kennwort „Licht und Luft". Noch während der Planungsphase schloss man 1907 den Thüringer Bahnhof als Ersten. Der Neubau erfolgte, während der Verkehr weiterlief und die alten Stationen bis 1913 schrittweise beseitigt wurden. Bereits 1912 ging der erste Teil des Hauptbahnhofs in Betrieb.

Ursprünglich wurden die Gleise der preußischen (westlichen) und der sächsischen (östlichen) Bahnhofshälfte getrennt gezählt, jeweils ausgehend von der Mittelachse. Dort trafen sich einer berühmten Anekdote zufolge allmorgendlich die beiden Stationsvorsteher und glichen ihre Uhren ab. Auch nachdem 1920 die Länderbahnen in der Deutschen Reichsbahn aufgegangen waren, bestand diese Trennung fort, nun vertreten durch die Reichsbahndirektionen Dresden und Halle. Erst 1934 übernahm Letztere die gesamte Station.

Zehn Jahre später löste ein einziger Bombentreffer bei einem amerikanischen Luftangriff eine Kettenreaktion aus, durch die neben dem Dach des Querbahnsteigs auch alle Abschlussbögen der Hallenschiffe einstürzten. Die Beseitigung dieser und anderer Trümmer nahm mehrere Jahre in Anspruch. Doch schon 1951 war der Hauptbahnhof äußerlich wiederhergestellt, samt der zerstörten Front der Westhalle. Die Bahnsteighalle wurde 1955–60 nicht nur repariert, sondern erhielt auch eine verbesserte Überdachung. Der Wiederaufbau der Querbahnsteighalle dauerte bis 1962. Mindestens zweimal im Jahr, zur Frühjahrs- und zur Herbstmesse, kamen viele wichtige Gäste nach Leipzig, auch und gerade aus dem Westen. Ihnen gegenüber wollte die DDR natürlich einen guten Eindruck machen. Auch dies dürfte erklären, weshalb für den Wiederaufbau des Leipziger Hauptbahnhofs beträchtliche Mittel und Mühen aufgewandt wurden.

Nach der deutschen Wiedervereinigung wurden mit Wirkung ab 1. Januar 1994 auch die beiden Staatsbahnen vereint. Um in absehbarer Zeit lukrativ

Die vier „Vorgängerbahnhöfe" des Leipziger Hauptbahnhofs: Magdeburger, Dresdner, Thüringer und Bayerischer Bahnhof. Postkarte, abgestempelt 1898

an die Börse gebracht zu werden, sollte die neue Deutsche Bahn AG den Betrieb endlich aus den roten Zahlen führen. Dazu gehörte, die großen Bahnhöfe wieder attraktiver zu machen. Das bedeutete für den Leipziger Hauptbahnhof: sorgfältige Sanierung der prachtvollen Fassaden, der Empfangshallen und der Bahnsteighalle. Ansonsten aber weitgehende „Entkernung" des Gebäudes, also Abriss im Inneren, um so viel wie möglich der bisher von der Bahn genutzten Fläche in Einzelhandelsfläche umzuwandeln. Im Leipziger Hauptbahnhof waren ursprünglich an der Südseite der Querbahnsteighalle fast nur Wartesäle aneinandergereiht, und an den Außenseiten des Empfangsgebäudes befanden sich Diensträume. Aufgrund seiner enormen Größe ließ sich bei ihm, nach Plänen des Büros Hentrich-Petschnigg & Partner, die Umwandlung zum „Einkaufszentrum mit Gleisanschluss" besonders konsequent durchführen. Neben der im Obergeschoss liegenden Gleisebene wurden dazu Parterre und Keller verwendet. Wie in jüngeren Einkaufszentren üblich, sollten auch im Leipziger Hauptbahnhof die Gänge zwischen den Läden Sichtkontakt zu den anderen Etagen ermöglichen und Lichteinfall von oben erhalten. Also wurde der Querbahnsteig der Länge nach ellipsenförmig aufgeschlitzt. Ferner erhielt er zwei hohe Aufzugstürme.

Früher hatten die Hallenschiffe über den Bahnsteigen eine räumliche Einheit mit dem Querbahnsteig gebildet, bis in den hinein die Gleisströge reichten. Nun wurden die Bahnsteigschiffe durch tiefreichende gläserne Schürzen von ihm abgetrennt. Zu der optischen Barriere trägt auch bei, dass man Reklame an die Schürzen anbrachte und Letztere unten mit einem kräftigen Balken abschloss, der sich im direkten Blickfeld der Passanten befindet. Dass früher der Qualm der Dampfloks in die Querbahnsteighalle gezogen war, war hinnehmbar gewesen. Dass Zugluft und unbehagliche Temperaturen heute die Konsumlaune beeinträchtigen könnten, nicht.

Mindestens ebenso umstritten wie diese Maßnahmen war die Entscheidung, in der Bahnsteighalle ein Parkhaus zu errichten, also quasi

Der Leipziger Hauptbahnhof im Jahr 1985

dem Todfeind der Eisenbahn mehrere Gleise zu opfern. Doch ein Einkaufszentrum muss mit dem Auto erreichbar sein. Nach längerer Debatte wurden die Gleise 25 und 26 „nur" mit einer relativ niedrigen Parkpalette überbaut. Gleis 24 erhielt, als „optische Barriere" zum normalen Betrieb, eine Ausstellung historischer Fahrzeuge: eine Dampflok der Baureihe 52, ein Schnellverbrennungstriebwagen der Bauart Hamburg aus den 1930er-Jahren sowie jeweils eine elektrische Lokomotive der Baureihen E 04, E 44 und E 94.

Der Abschluss der Renovierung und Umgestaltung wurde 1997 gefeiert. Wenige Jahre später verwandelte sich ein Teil des Hauptbahnhofs wieder in eine Baustelle: Schon bei seiner Entstehung hatte man in Leipzig von einem Tunnel durch die Innenstadt geträumt und unter dem Bahnhof gut 700 Meter davon im Rohbau errichtet. Der nie genutzte Tunnelmund existiert auf dem Gleisvorfeld bis heute. Bis 2013 entstand nun statt am Ost- am Westrand des Hauptbahnhofs eine unterirdische Verbindung mit dem Bayerischen Bahnhof am Südrand der Innenstadt. Der ursprüngliche Gedanke war, dass dank des Tunnels auch beispielsweise die Züge zwischen Berlin und München nicht mehr in Leipzig „Kopf machen" müssten. Genutzt wird die neue Strecke aber praktisch nur von der S-Bahn Mitteldeutschland, die allerdings eher den Charakter einer Regionalbahn hat. Die unterirdische Bahnsteighalle, wie der ganze „City-Tunnel" zweigleisig, wurde vorerst auch nur 215 Meter lang ausgeführt, also weit unter ICE-Standardlänge.

Das Hallenschiff darüber, in dem sich die Gleise 3–5 befanden, steht heute ebenso leer wie das westliche Seitenschiff, das die Gleise 1 und 2 beherbergte. Betrieben werden oberirdisch „nur" noch 18 Gleise mit den Nummern 6–23.

Vorbei sind auch die Zeiten, als die DB Lounge noch stolz im Preußischen Wartesaal untergebracht war. Ihr Reisezentrum hat die Deutsche Bahn AG bescheiden in den Keller gelegt, gut versteckt hinter zwei doppelläufigen Rolltreppen.

Blick in die Station Wilhelm-Leuschner-Platz in Leipzig

LEIPZIG Wilhelm-Leuschner-Platz

Baute man früher einen tiefliegenden Tunnelbahnhof in einer offenen Grube, dann verfüllte man diese nach Fertigstellung üblicherweise größtenteils wieder oder legte über der Bahnsteighalle beispielsweise Betriebsräume an. Heute nutzt man die tiefe Lage der Gleise oft, um eine hohe Bahnsteighalle zu schaffen, deren Decke nur knapp unter der Oberfläche liegt. Schon aus Brandschutzgründen erscheint dies vorteilhaft.

Am Leipziger Wilhelm-Leuschner-Platz führt diese architektonische Konzeption, auch durch die geringe Breite der rund 20 Meter hohen Halle, zu einem monumentalen Raumeindruck. Dieser wird noch dadurch gesteigert, dass der Schweizer Architekt Max Dudler, der 1997 in einem Wettbewerb ausgewählt wurde, die Wände hinter den Gleisen und auch die Decke vollständig mit rund 130 000 Glasbausteinen verkleidete. In einem Raster angeordnet, werden sie von 700 Lampen hinterleuchtet. Ehrfurcht gebietend sind auch die riesigen Treppenanlagen, die sich nicht an den Enden des rund 140 Meter langen Bahnsteigs befinden, sondern relativ weit in die Halle hineinragen. Dadurch kann der Fahrgast mitten in diesem großen Raum auf den Bahnsteig hinabschreiten bzw. -fahren. Am Wilhelm-Leuschner-Platz sind die Treppen auch deshalb so lang, weil sie von der Straßenebene direkt auf den Bahnsteig führen. Mit ganz einfachen Mitteln und Materialien (Glas, Sichtbeton, unlackiertes Metall) und gerade durch die Reduktion von Farben und Formen entstand hier eine der spektakulärsten unterirdischen Stationen Deutschlands.

Der Haltepunkt gehört zum Ende 2013 eröffneten Leipziger City-Tunnel zwischen Hauptbahnhof und Bayerischem Bahnhof. Ursprünglich sollte die Verbindung, die unter der weitgehend bus- und bahnfreien Altstadt hindurchgebohrt wurde, auch Fernzügen dienen. Heute wird sie aber vornehmlich von der S-Bahn Mitteldeutschland genutzt, deren lange Linien allerdings eher dem entsprechen, was andernorts als Regionalbahn firmiert.

Blick aus dem Mittelschiff der Bahnsteighalle des Dresdner Hauptbahnhofs auf das Empfangsgebäude

DRESDEN Hauptbahnhof

Einen Bahnhof als Mischung aus Kopf- und Durchgangsstation zu bauen war früher gar nicht so selten, wie manche Dresdner Lokalpatrioten es heute glauben machen wollen. Wirklich ungewöhnlich ist jedoch die im Hauptbahnhof der sächsischen Hauptstadt umgesetzte Idee, die Kopfgleise nahezu ebenerdig anzulegen und damit auf einem anderen Niveau als die Durchgangsgleise. Dieses Konzept war früher insofern unpraktisch, als der Gepäcktransport bei der Bahn noch eine große Rolle spielte. In der Regel wurde daher bei großen Stationen versucht, ihm so weit wie möglich eigene, von denen der Fahrgäste getrennte Wege von und zu den Zügen zu verschaffen. Eine Standardlösung bestand in einer unterirdischen Erschließung der in vielen großen Bahnhöfen eingerichteten Gepäckbahnsteige. Vielleicht aber hielt man beim Dresdner Hauptbahnhof das durch die Bahn selbst zu bewältigende Gepäckaufkommen auf den Kopfgleisen für gar nicht so groß. Verdankten diese ihre Existenz doch der Annahme, dass viele Züge in Dresden beginnen oder enden oder, sollten sie die Stadt durchqueren, im Hauptbahnhof „Kopf machen" würden. Schließlich geht es von ihm Richtung Süden gerade einmal noch weiter in die Sächsische Schweiz, dann folgt schon die böhmische Grenze. Dahinter: Prag, Wien, Budapest, der Balkan – Ziele für die „große Reise". Nördlich sind hingegen die Strecken nach Chemnitz und darüber hinaus nach Bayern angebunden, jene nach Leipzig, nach Berlin und nach Görlitz.

Bahnbetrieblich wäre es günstiger gewesen, den Dresdner Hauptbahnhof an einer Stelle zu bauen, wo man diese letztgenannten Strecken in einer Durchgangsstation miteinander hätte verbinden können. Schon im 19. Jahrhundert war dafür der Standort der heutigen Station Dresden Mitte vorgeschlagen worden, und in den 1930er- und 1940er-Jahren wurde ernsthaft geplant, dort einen riesigen neuen Zentralbahnhof zu errichten.

Allerdings hätte dies bedeutet, eine Lage am Rand des Stadtzentrums zu wählen und darauf zu hoffen, dass sich dieses im Laufe der Zeit bis

Der Hauptbahnhof um 1900

hierher ausdehnen würde. So hat man es später in Heidelberg oder in Ludwigshafen gemacht, so ist es aktuell in Hamburg-Altona vorgesehen.

Im Dresden des ausgehenden 19. Jahrhunderts nahm man hingegen mehr Rücksicht auf die Fahrgäste, und dies, obwohl die Bahn damals als Verkehrsmittel auf dem Landweg, außer auf kurze Distanz, ohne Konkurrenz war. Die vielbeschworene Neuordnung des Eisenbahnknotens Dresden, die damals erfolgte, war hauptsächlich eine Kapazitätserweiterung: Auf dem rechten Elbufer wurden alle Strecken im neuen, größeren Bahnhof Dresden-Neustadt zusammengeführt, der an der Stelle des alten, kleinen Schlesischen Bahnhofs entstand. Auf dem benachbarten Leipziger Bahnhof stellte man den Personenverkehr ein.

Die Verbindungsstrecke zur linken, Altstädter Elbseite wurde viergleisig ausgebaut und endlich aus der Straßenebene verlegt. Auch der neue Hauptbahnhof ersetzte eine ältere, längst zu klein gewordene Station: Er wurde an der Stelle des Böhmischen Bahnhofs errichtet, der 1848 als dritte Dresdner Station eröffnet worden war, aber erst 1861–64 ein festes Empfangsgebäude erhalten hatte. 1869 übernahm er auch den Verkehr des Albertbahnhofs, der nördlich der Freiberger Straße lag und zum Kohlenbahnhof wurde. Eine Verbindung zum Berliner Bahnhof bestand seit dessen Eröffnung 1875, eine zum Leipziger und zum Schlesischen Bahnhof war bereits 1852 in Betrieb gegangen. Sie nutzte teils die Trasse des kurz zuvor nach Cotta umgeleiteten Flüsschens Weißeritz – eine Entscheidung, die sich 150 Jahre später noch rächen sollte.

Mit dem Böhmischen Bahnhof baute man jene Dresdner Station zum Hauptbahnhof aus, die damals bereits die meistfrequentierte war, was auch damit zu tun hatte, dass sie verkehrsgünstig am Ende der

Der Haupteingang zum Empfangsgebäude zwischen den Gleisanlagen

Prager Straße lag, die sich zu einer vielgerühmten Einkaufsstraße entwickelt hatte und schnurstracks zur Altstadt führte.

Das Grundkonzept mit einer großen Halle über den Kopfbahnsteigen, die beiderseits kleinere Hallen über den Durchgangsgleisen flankieren, wird Claus Koepcke und Otto Klette zugeschrieben. Es war eine Vorgabe des 1892 durchgeführten Architekturwettbewerbs, in dem Ernst Giese und Paul Weidner einen ersten Preis gewannen. Bei der Ausführung sollten sie Elemente des Entwurfs von Arwed Rossbach, der ebenfalls mit einem ersten Preis ausgezeichnet worden war, integrieren. Noch 1892 begannen die Bauarbeiten mit der Errichtung der Südhalle. Nachdem diese 1895 unter der Bezeichnung Hauptbahnhof in Betrieb genommen worden war, wurde der Böhmische Bahnhof abgerissen, und auf seinem Areal entstanden die Mittel- und die Nordhalle. 1898 wurde der Neubau eingeweiht.

Von Anfang an in der Kritik stand die funktional wie ästhetisch unglückliche Ausrichtung des Empfangsgebäudes auf den winzigen Vorplatz zwischen den Eisenbahnbrücken. Eigentlich erscheint er lediglich als Teil der Unterführung der heutigen Bundesstraße 170. Die üppig dekorierte Hauptfront des Bahnhofs, gekrönt von Friedrich Rentschs Skulptur der Saxonia und überragt von einer Kuppel, kommt kaum zur Geltung. Als eigentlicher Haupteingang dienen die Zugänge vom Wiener Platz.

Die Seitenhallen erhielten je drei Bahnsteiggleise, hinzu kamen sechs Kopfgleise in der Mittelhalle. Weitere Kopfgleise, an denen Züge abgefertigt werden konnten, standen jenseits der Straßenbrücke zur Verfügung, erschlossen durch den gegenüber dem Empfangsgebäude gelegenen Ostbau. Da der Hauptbahnhof bald schon wieder zu klein wurde, entstand in der Mittelhalle später ein siebtes Kopfgleis. Heute

Bahnsteighalle im Hauptbahnhof

Der Königspavillon am Dresdner Hauptbahnhof

Abendstimmung am Hauptbahnhof

zählt die Deutsche Bahn im Dresdner Hauptbahnhof insgesamt 16 Bahnsteiggleise.

Erste Erweiterungspläne gab es bereits vor dem Ersten Weltkrieg. Mit ihrer Realisierung konnte allerdings nicht vor den späten 1920er-Jahren begonnen werden. Dabei kam es auch zu einer ersten Reduzierung des Baudekors, das mittlerweile als veraltet empfunden wurde.

Schon im Oktober 1944, beim ersten Luftangriff auf Dresden, erlitt der Hauptbahnhof starke Schäden. In der berüchtigten Bombennacht vom 13. auf den 14. Februar 1945 brannte er aus. In seinem Luftschutzkeller starben mehrere Hundert Menschen. Durch den letzten Luftangriff auf die Stadt im April 1945 kam der Bahnverkehr endgültig zum Erliegen. Dennoch konnte er bereits Mitte Mai 1945 wieder aufgenommen werden. Die offizielle Wiedereröffnung des Hauptbahnhofs erfolgte fünf Jahre später. Der Wiederaufbau zog sich aber noch weitere zehn Jahre hin. Die Kuppel und die unter ihr befindliche Halle wurden wie vieles andere nur vereinfacht wiederhergestellt. Wirtschaftliche Gründe spielten dabei ebenso eine Rolle wie der Zeitgeschmack: In Ost wie West hatte man nach dem Inferno des Zweiten Weltkriegs wenig Sinn für den Pomp und die Schnörkelseligkeit einer untergegangenen Zeit und Gesellschaft, die zudem in mancherlei Hinsicht zu der Katastrophe geführt hatten.

Dieser Blick auf die Architektur des Historismus änderte sich erst im Laufe der 1970er- und 1980er-Jahre, nicht zuletzt aus einem Überdruss an dem heraus, was als modernes Bauen verkauft und realisiert worden war. Nach dem Beitritt der DDR zur Bundesrepublik standen auch die finanziellen Mittel zur Verfügung, den 1978 unter Denkmalschutz gestellten Hauptbahnhof grundlegend zu sanieren.

Schon in den 1990er-Jahren fanden erste Arbeiten statt, in deren Zuge der Ostbau eine neue Fassade erhielt. Ein Entwurf des Büros Gerkan, Marg und Partner, einen Teil der Mittelhalle in einen Marktplatz umzufunktionieren und einen Büro- und Hotelturm zu errichten, blieb glücklicherweise unrealisiert. Den Zuschlag erhielt stattdessen der britische Architekt Sir Norman Foster. Die im Jahr 2000 begonnenen Arbeiten, die natürlich auch die Modernisierung der umgebenden Bahnanlagen umfassten, wurden im August 2002 schwer ausgebremst: Die durch starke Regenfälle enorm angeschwollene Weißeritz suchte sich wieder ihren alten, direkten Weg zur Elbe und überflutete dabei auch den Hauptbahnhof. Das Wasser stand hier bis zu 1,50 Meter hoch.

Während man weite Teile des Gebäudes „entkernte", also alles innerhalb der Außenmauern abriss, sollten vor allem die Fassaden möglichst weitgehend ihr ursprüngliches Aussehen zurückerhalten. Unterstützung leistete dabei auch der Förderverein Dresdner Hauptbahnhof e.V. Zwar beging die Bahn im November 2006 die Einweihung des sanierten Gebäudes, doch dabei ging es vor allem darum, dies noch im Jahr der 800-Jahr-Feierlichkeiten Dresdens zu tun. In den darauffolgenden eineinhalb Dekaden wurde weiter und immer wieder an verschiedenen Stellen des Hauptbahnhofs gearbeitet.

Die auch für den Ortsfremden auffälligste Änderung besteht in der Deckung der Bahnsteighallen mit teflonbeschichteten Glasfaser-Membranen. Diese sollen tagsüber eine nie gekannte Helligkeit ermöglichen und bei Dunkelheit das Licht aus den Hallen reflektieren. Natürlich verändern sie die Raumwirkung auch insofern, als nun die Trägerkonstruktion, die teils saniert, teils ausgetauscht wurde, viel stärker ins Auge fällt als zuvor. Es soll das erste Mal gewesen sein, dass dieses Material auf diese Weise bei einem historischen Bauwerk eingesetzt wurde. Prompt musste man Lehrgeld zahlen: Während die nur 0,7 Millimeter dicke Bespannung 50 Jahre lang halten sollte, wurde sie bald durch die Witterung beschädigt. Vor allem seit dem schneereichen Winter 2010/11 kommen ständig neue Risse hinzu, was sogar zu einem Rechtsstreit führte. 2019 wurden in den Hallen Sicherungsnetze eingezogen. Frühestens ab 2023 soll das Membrandach komplett ausgetauscht werden.

Auffällig an der zum Wiener Platz hin gerichteten Seite des Hauptbahnhofs ist der an seinem Nordende gelegene Königspavillon. Einst fungierte er als Zugang und Warteraum für den Monarchen und andere „allerhöchste Herrschaften". Nach dem Zweiten Weltkrieg wurde in ihm ein Kino mit fast 200 Plätzen eingerichtet. Zum Jahresende 2000 kündigte die Bahn dem Betreiber, der ramponierte Pavillon stand leer und verfiel. Erst 2010/11 wurde er saniert und dient seither als außen schmucker, innen jedoch schmuckloser Nebeneingang zur Nordhalle.

Die Hauptfront des Bahnhofs Dresden-Neustadt am Schlesischen Platz

DRESDEN-NEUSTADT

Glückliches Dresden: Was andernorts ein veritabler, prachtvoller Hauptbahnhof wäre, das ist in Sachsens Hauptstadt nur die zweite große Station, gelegen am Rande der Innenstadt, rechts der Elbe. Bevor der Bahnhof Dresden-Neustadt 1898–1901 von Otto Peters und Osmar Dürichen errichtet wurde, hatte sich an gleicher Stelle (und in über ein halbes Jahrhundert hinweg nahezu unveränderter Gestalt) der 1847 eröffnete Schlesische Bahnhof befunden. Seinetwegen heißt der Vorplatz Schlesischer Platz.

Bahnhistorisch bedeutender ist das weiter westlich, jenseits von Eisenbahn- und Hansastraße gelegene Areal, das heute etwas verwahrlost wirkt: Hier erstreckt sich der Leipziger Bahnhof und damit einer der beiden Endpunkte der ersten deutschen Ferneisenbahn. Zwischen Dresden und Leipzig ging sie vollständig 1839 in Betrieb. Wenig später soll hier eine bedeutende Erfindung gemacht worden sein: Da das Hauptgleis Richtung Leipzig im Gefälle lag, nutzte man die Schwerkraft zum Rangieren von Wagen, die man einfach auf das gewünschte Gleis rollen ließ. Bis heute wird dieses Verfahren auf Rangierbahnhöfen mit Ablaufberg genutzt.

Aus jenen Kindertagen der deutschen Eisenbahn sind in Dresdens Leipziger Bahnhof keine Bauten mehr erhalten, immerhin aber Teile des 1857 eröffneten Empfangsgebäudes. Statt als Filiale des ohnehin viel zu kleinen Dresdner Verkehrsmuseums hergerichtet zu werden, verfallen sie seit Jahrzehnten. Ungefähr genauso lang wird auch über eine neue Nutzung des Areals diskutiert.

Der Personenverkehr im Leipziger Bahnhof endete 1901 mit der Eröffnung des Bahnhofs Dresden-Neustadt. Damit die Leipziger Züge diesen anfahren konnten, wurde ab Pieschen eine neue Strecke gebaut, die seither auch die Züge von und nach Berlin nutzen. Die Verbindung zu den auf der Altstädter Seite gelegenen Bahnhöfen war bereits 1846–52 hergestellt worden: durch die Marienbrücke, die zunächst dem Straßen- und dann, mit zwei Gleisen, zugleich dem Eisenbahnverkehr diente.

Um die Jahrhundertwende, als links der Elbe der Böhmische Bahnhof dem Hauptbahnhof wich, baute man auch diese Verbindung aus: Die bis

Alte Ansicht des Neustädter Bahnhofs

dahin noch immer ebenerdig verlaufenden Gleise wurden auf ein Viadukt gelegt, das wie eine etwas prachtvollere Variante der Berliner Stadtbahn wirkt. Und neben der Marienbrücke, die von nun an ganz dem Straßen-, aber auch dem Straßenbahnverkehr dienen konnte, entstand für die Eisenbahn eine gesonderte viergleisige Elbquerung. Anfang des 21. Jahrhunderts wurde sie durch eine fünfgleisige Spannbetonbrücke ersetzt.

Ganz anders der Bahnhof Dresden-Neustadt: Er sieht von außen praktisch immer noch so aus wie 1901. Das Empfangsgebäude hatte tatsächlich von Anfang an diese für die damalige Zeit bemerkenswert schnörkellose und dennoch repräsentative Anmutung. Die Verwendung des ortstypischen Sandsteins hat zur Folge, dass die Fassaden heute etwas schmuddelig wirken: Was wie Dreck aussieht, ist aber nur eine Folge des natürlichen Alterungsprozesses dieses Materials.

Am nördlichen Ende des Empfangsgebäudes markiert noch immer ein Altan, der als Vorfahrtüberdachung diente, den Eingang zu den einstigen Fürstengemächern des Bahnhofs. Nach dem Ende der Monarchie war in ihnen von 1923 bis 1945 das Eisenbahnmuseum der Reichsbahndirektion Dresden untergebracht. Ungewöhnlich ist auch, dass durch die Bauweise der Eindruck erweckt wird, als besäße das Empfangsgebäude ein Flachdach, wodurch die gläserne Pyramide über der Empfangshalle umso stärker hervorsticht. Sie erhebt sich über dem riesigen Oberlicht, das von üppigen Jugendstilmalereien umrankt ist, die sich auch an den Wänden fortsetzen. Dabei handelt es sich um 1997/98 angefertigte Rekonstruktionen, da die Originale hinter Putz verschwanden und nicht wieder freigelegt werden konnten. 2001, als der Bahnhof zu seinem 100. „Geburtstag" wieder einmal renoviert wurde, kam an einer Seitenwand das von Heinz Werner und Horst Bretschneider entworfene Bild „Sachsens schönste Schlösser, Burgen und Gärten" hinzu: Aus rund 800 Fliesen zusammengesetzt, ist es – nach dem berühmten Fürstenzug in der

Das aus Meissener Porzellan gefertigte Bild „Sachsens schönste Schlösser, Burgen und Gärten" von Heinz Werner und Horst Brettschneider

Die Rückseite des unter Denkmalschutz stehenden ehemaligen Lokhauses am stillgelegten Lokomotivbahnhof

Dresdner Auguststraße – das weltweit zweitgrößte Bild aus Meissener Porzellan.

Die 146 Meter lange und 70,5 Meter breite Bahnsteighalle überspannt acht Gleise. Westlich von ihr verlaufen noch zwei Gleise ohne Bahnsteigberührung für den Güterverkehr von und nach Görlitz, während die Leipziger Gütergleise zwischen Neustädter Bahnhof und Marienbrücke abzweigen. Auch in der Bahnsteighalle finden sich noch Reste der historischen Ausstattung, beispielsweise die Geländer an den Treppenaufgängen oder Bahnsteighäuschen, die heute als Warteräume dienen. Glücklicherweise wieder verschwunden ist das klobige Aufsichtsgebäude, das 1980 gebaut worden war und weder von seiner Größe noch seiner Gestaltung her in die Halle passte.

Eine Besonderheit stellt der Dreikilometerstein dar, der hinter Gleis 8 liegt: Er markiert den Endpunkt der hier aufeinandertreffenden Bahnstrecken Tetschen-Bodenbach-Dresden-Neustadt, Leipzig-Dresden und Görlitz-Dresden. An den Bahnsteigen herrschte ursprünglich Richtungsverkehr. Von den Gleisen 1–4 ging es stadtauswärts, von den Gleisen 5–8 stadteinwärts. Außerdem waren die beiden mittleren Bahnsteige dem Fernverkehr vorbehalten. Seit die Schienenstränge rund um den Bahnhof in den Jahren 2006–16 mit großem Aufwand um- und ausgebaut wurden, gibt es in Dresden-Neustadt Linienverkehr. Dadurch kreuzen weniger Züge den Fahrweg anderer, was die Kapazität der Bahnanlagen erhöht. Erst im Zuge dieser Modernisierungen gingen 2008 die mechanischen Stellwerke von 1901 außer Betrieb.

Ebenfalls stillgelegt ist der Lokomotivbahnhof, der sich nordwestlich der Bahnsteighalle befand. Gleich neben ihr erhebt sich noch immer ein Lokhaus, das der Denkmalschutz hoffentlich vor dem Abbruch bewahrt. Wie bedroht historische Bahnbauten, die nicht mehr genutzt werden, stets sind, wurde auch auf dem benachbarten Leipziger Bahnhof deutlich: Dort sind 2010 zwei Lokschuppen und ein ebenfalls 1868/69 errichtetes Werkstattgebäude abgerissen worden.

Die Fassade der Straßenbahnseite des Chemnitzer Hauptbahnhofs, rechts daneben liegt das Empfangsgebäude

CHEMNITZ Hauptbahnhof

In der DDR büßte die Eisenbahn nur wenig von ihrer überragenden Bedeutung für den Fernverkehr ein. Dies galt für die Beförderung von Personen, erst recht aber für die von Gütern. Allerdings war diese starke Stellung nicht dem Schutz der Umwelt geschuldet, an der ganz im Gegenteil immenser Raubbau betrieben wurde. Wie dafür war auch für die Bevorzugung der Bahn vor allem die geringe Leistungsfähigkeit der Planwirtschaft verantwortlich.

Insbesondere seit Ende der 1970er-Jahre auch für die DDR der Import von Erdöl immer teurer wurde und sich die ökonomischen Schwierigkeiten des Staates immer weiter verschärften, versuchte man so viel Kraftstoff wie möglich einzusparen. Um mehr Elektroenergie einsetzen zu können, die aus der heimischen Braunkohle erzeugt wurde, wurde auch die Elektrifizierung des Bahnnetzes vorangetrieben. Für dessen umfassende Modernisierung fehlten jedoch die Mittel. An manchen Stellen hatte sich das Netz der DDR-Reichsbahn bis zur Wiedervereinigung nicht von den Kriegsschäden und den Demontagen durch die sowjetische Besatzungsmacht erholt. In dieser Situation blieben auch große Bahnhofsneubauten die Ausnahme, zumal selbst in der stets bevorzugten Hauptstadt (Ost-)Berlin weite Teile des Fernverkehrs bis in die 1980er-Jahre hinein über unzureichende Stationsanlagen abgewickelt werden musste.

Angesichts dessen ist geradezu spektakulär, was 1973–76 in Chemnitz entstand, das damals Karl-Marx-Stadt hieß: Eine große Bahnsteighalle, die nicht weniger als 20 Gleise und eine Fläche von über 25 000 Quadratmetern überspannte, wurde neu errichtet. In Hinblick auf die ökonomischen Möglichkeiten der DDR geschah dies in einer schlichten, funktionalistischen Form, die darin aber auch an die etwas ältere Bahnsteighalle des Münchner Hauptbahnhofs erinnert. Die äußere Verkleidung der Halle erinnerte mit ihren großflächigen Mustern dagegen an die zu dieser Zeit beliebten Warenhausfassaden.

Bahnanschluss hatte Chemnitz, das einst als das „sächsische Manchester" galt, also eine von

Alte Ansicht des Chemnitzer Hauptbahnhofs. Postkarte, datiert auf 1940

der Tuch- und Kleiderherstellung geprägte Industriestadt, 1852 erhalten. Ein erstes Empfangsgebäude wurde erst etwas später fertig, das heutige weihte man 1872 ein. Sein Äußeres hat sich seither erstaunlich wenig verändert. 1906–09 entstand eine große, dreischiffige Bahnsteighalle. Schon damals war der seit 1858 sogenannte Centralbahnhof, der erst 1911 die Bezeichnung „Hauptbahnhof" erhielt, eine Kombination aus Kopf- und Durchgangsstation.

Während die Chemnitzer Innenstadt im Zweiten Weltkrieg weitgehend zerstört wurde, nahm der Hauptbahnhof relativ geringen Schaden. Die nur notdürftig geflickte und mangelhaft instandgehaltene Bahnsteighalle wurde jedoch 1972 abgerissen. Der riesige Neubau blieb in der DDR ein Einzelfall. An einem Querbahnsteiggebäude arbeitete man noch bis in die 1980er-Jahre hinein, weitere Pläne für Umbauten, Aufstockungen und Modernisierungen wurden vor dem Ende der SED-Diktatur nicht mehr realisiert.

Heute steht die Größe der Anlage in einem eklatanten Gegensatz zur Bahnanbindung der Stadt: Seit 2006 gilt der Chemnitzer Hauptbahnhof als einzige deutsche Station dieser Größenordnung, die vom Fernverkehr abgekoppelt ist. Aus Sachsen kommt man von hier aus ohne Umsteigen kaum heraus.

Doch immerhin hat der Bahnhof verkehrlich auch eine positive Besonderheit aufzuweisen: Die Hallengleise 1–4 werden seit 2013/14 von der Stadtbahn genutzt. Das bedeutet, dass die Züge der meisten Chemnitzer Straßenbahnlinien, wenn sie die Wendeschleife am Hauptbahnhof befahren, dessen Gleise 1 und 2 passieren und so ein bequemes Umsteigen vom und zum Regionalverkehr ermöglichen. Vor allem bleibt den Fahrgästen der Weg durch das langgestreckte Empfangsgebäude mit seiner 125 Meter langen Halle erspart.

Die Gleise 3 und 4 dienen der Verknüpfung von Straßen- und „großer" Bahn im Rahmen des „Chemnitzer Modells" (einer Adaption des Karlsruher Modells eines Tram-Train-Systems): Die Züge aus Burgstädt, Mittweida und Hainichen wechseln hier auf das Tramnetz und fahren bis zu dessen Zentralhalte-

Ein Fahrzeug der Chemnitz City-Bahn auf dem Weg nach Mittweida im Hauptbahnhof Chemnitz

Die leuchtende Fassade der Straßenbahndurchfahrt des Chemnitzer Hauptbahnhofs

stelle bzw. nach Altchemnitz und zurück. Bisher wurden vom „Chemnitzer Modell" nur erste Stufen umgesetzt; neben den drei Nordstrecken sollen noch weitere Bahntrassen mit dem Straßenbahnnetz verbunden und dieses an einigen Stellen erweitert werden.

Um die Straßenbahngleise in die Bahnsteighalle einführen zu können, musste diese teilweise umgebaut werden. Man beließ es nicht bei der notwendigen Öffnung der Fassade, sondern brach diese an der West- und einem Abschnitt der Südseite komplett ab, ebenso das Querbahnsteiggebäude. Die Gleise 1–4 wurden vollständig neu gebaut und liegen nun im Gefälle, da das Straßenniveau niedriger ist als das der Eisenbahnanlagen. Nach einem Entwurf des Büros Grüntuch Ernst Architekten, das 2004 den Wettbewerb für die Neugestaltung des Hallenteils gewonnen hatte, ertüchtigte man die vorhandene Konstruktion und errichtete die neuen Seitenwände als Stahlgerüst. Außen wurden sie mit mattierten ETFE-Membranen bespannt, pneumatischen Kissen, die silbern glänzen. Auch die Innenseiten erhielten eine Stoffbespannung, allerdings aus transparenterem PTFE, auf der sich bei Tageslicht der Schatten des Stahlgerüsts abzeichnet. In Teilen ist das Äußere eine mit LEDs bestückte „Medienfassade", die nach Einbruch der Dunkelheit von wechselnden Künstlern bespielt wird. Das untere Drittel der neuen Fassade wurde offen gelassen und so eine bessere, direkte Verbindung zwischen der Bahnsteighalle und dem angrenzenden Stadtraum geschaffen. Bezeichnenderweise war der Bauherr dieser ganzen Umgestaltung (die von diversen Architekturkritikern als völliger Umbau der gesamten Bahnsteighalle missverstanden wurde) nicht die Deutsche Bahn AG, sondern der Verkehrsverbund Mittelsachsen. Neben den vier veränderten Gleisen gibt es im Chemnitzer Hauptbahnhof an Bahnsteigen noch fünf Kopf- und fünf Durchgangsgleise. Drei weitere Gleise haben keine Bahnsteigberührung.

Im Laufe der 2020er-Jahre soll Chemnitz auch wieder Anschluss an den Fernverkehr erhalten.

Ein Zug der Mitteldeutschen Regionalbahn im Zwickauer Hauptbahnhof

ZWICKAU Hauptbahnhof

Wer sich wundert, weshalb die Stimmung mancherorts, vor allem in Ostdeutschland, schlecht ist und sich die Menschen dort abgehängt fühlen, sollte vielleicht einmal nach Zwickau reisen: Die viertgrößte Stadt Sachsens hat, obwohl im Westen des Freistaats gelegen und damit nah an der Grenze zu Bayern, seit 1990 rund 25 000 Einwohner verloren und ist mit knapp 90 000 Einwohnern heute nicht einmal mehr Großstadt. Der Bergbau, der hier jahrhundertelang eine wichtige Rolle spielte, ist Geschichte. Und der Hauptbahnhof bietet schon seit Jahren keinen Fernverkehr mehr: Nur noch Regionalzüge einschließlich solcher der S-Bahn Mitteldeutschland halten hier.

Im Dezember 2019 verlor die Station auch ihre stadtseitige Schienenanbindung: Da die Gleise zu verschlissen waren, legte man die Straßenbahnstrecke zum Hauptbahnhof still und stellte zwei der vier Zwickauer Tramlinien ein. „Vorübergehend", wie es heißt, nur wann der Neubau der Trasse – verbunden mit einer Neugestaltung des Bahnhofsvorplatzes – genau beginnen soll, steht noch nicht fest.

Interessant ist die Station allein schon wegen der Gestaltung ihrer Gleisanlagen: Es handelt sich um die relativ seltene Form eines Keilbahnhofs. Das heißt, eine Strecke gabelt sich unmittelbar vor der Station, deren Bahnsteige aus zwei Gruppen bestehen, die im spitzen Winkel zueinander liegen. Zwischen den auseinanderstrebenden Trassen steht das Empfangsgebäude.

In Zwickau gehören die beiden nördlichen (und heute längeren) Bahnsteige mit den Gleisen 1–4 zur Strecke über Chemnitz und Freiberg nach Dresden, die beiden südlichen Bahnsteige mit den Gleisen 5–8 zur Verbindung mit dem Westerzgebirge bzw. dem Vogtland. Wenige Kilometer westlich ihrer Vereinigung am Zwickauer Hauptbahnhof treffen sie am Bogendreieck Werdau auf die Strecke zwischen Leipzig und Hof. Durch einen Abzweig von dieser Sächsisch-Bayerischen

Postkarte des alten Zwickauer Bahnhofs, abgestempelt 1913

Eisenbahn, die eine Zeit lang zu den wichtigsten Nord-Süd-Verbindungen Deutschlands gehörte, hatte Zwickau 1845 Bahnanschluss bekommen. Das erste, noch recht einfache Empfangsgebäude ersetzte man 1858 durch einen Neubau, als der Verkehr nach Schwarzenberg im Erzgebirge und Chemnitz aufgenommen wurde. Bald zwang der immer weiter wachsende Personen- und vor allem Güterverkehr dazu, die Zwickauer Bahnanlagen umfassend zu modernisieren und zu erweitern. Unter anderem sollten die Gleise endlich hochgelegt und so zahlreiche Bahnübergänge beseitigt werden.

Der Erste Weltkrieg verhinderte zunächst die Umsetzung der Pläne, durch seine Folgen kam sie nur langsam voran, als sie nach Kriegsende endlich in Angriff genommen werden konnte. Erst Ende der 1930er-Jahre war das Vorhaben größtenteils fertiggestellt, weitere Baumaßnahmen bremste der nächste Krieg aus. Zur Umgestaltung der Bahnanlagen gehörte auch die Errichtung eines neuen Empfangsgebäudes für den erst ab 1938 so genannten Hauptbahnhof. Nach Plänen des Reichsbahnarchitekten Otto Falck entstand 1933–36 ein rot verklinkerter Bau, der ganz sachlich und funktional gestaltet ist und dennoch monumental wirkt. In den schrägen Dächern mag man ein Zugeständnis an die NS-Diktatur erkennen, die gerade begonnen hatte, denn um das Flachdach wurde damals ein erbitterter Glaubenskrieg ausgetragen. Grundsätzlich aber ähneln viele nach 1933 entstandene Bahnbauten in Deutschland architektonisch den vor der Machtübergabe an die Nazis entstandenen: Wie bei Industriebauten durfte auch hier die ansonsten verpönte moderne Architektur weitgehend weiterhin angewendet werden.

Während die Zwickauer Bahnanlagen im Zweiten Weltkrieg schwer getroffen wurden, erlitt das Empfangsgebäude kaum Schäden. Und Armut, so ein Merksatz der Denkmalpflege, ist der beste Konservator. Dementsprechend ist wie vom Äußeren auch von der ursprünglichen gediegen-modernen Gestaltung der Empfangshalle noch viel erhalten. Darüber, wie gelungen der Einbau eines Aufzugs ist, der heute die breite Treppe zwischen der Halle und dem Hauptein-

Der neue Bahnhof Zwickau. Postkarte, datiert auf das Jahr 1937

Die Empfangshalle des Zwickauer Hauptbahnhofs heute: Der Aufzug teilt die Treppe in zwei schmale Läufe.

gang in zwei schmale Läufe zerteilt, kann man freilich streiten. Auch die Aufbauten auf den Bahnsteigen, rot verklinkert wie die Bahnhofsfassade, sind noch immer vorhanden.

Der benachbarte Güterbahnhof galt schon zur Kaiserzeit als der größte Sachsens, vor allem wegen des Bergbaus, später auch wegen der Autoindustrie. 1972 erhielt er ein Containerterminal. Schon Mitte der 1960er-Jahre war Zwickau an den elektrischen Betrieb angeschlossen worden, schließlich befand es sich am „Sächsischen Dreieck": den Strecken, die die vier größten sächsischen Städte (neben Zwickau Dresden, Leipzig und das damals Karl-Marx-Stadt genannte Chemnitz) miteinander verbanden und damit die wichtigste Industrieregion der DDR erschlossen. Ein moderner, schneller und leistungsfähiger Güterverkehr besaß dementsprechend hohe Priorität. Der vielseitige Niedergang ist umso deprimierender.

Auch mit dem „Zwickauer Modell" geht es nicht weiter: Anders als beim berühmten „Karlsruher Modell" benutzen hier nicht Straßenbahnen Eisenbahnstrecken mit, sondern Dieseltriebwagen der Vogtlandbahn verkehren auf einer Tramtrasse, auf die sie südlich des Hauptbahnhofs (nach dortigem Halt) wechseln. Diese wurde, da die Zwickauer Straßenbahn auf Meter-, also Schmalspur verkehrt, auf rund 1,5 Kilometern Länge mit Dreischienengleisen errichtet. Die Züge der Vogtlandbahn stoppen dort nur an den Haltestellen Stadthalle und Zentrum, wo sie eigene Bahnsteigkanten erhielten. 1999 wurde der Verkehr von und nach Klingenthal aufgenommen. Inzwischen hat man ihn bis ins tschechische Kraslice (Graslitz) erweitert. Wenig später kam eine Linie über Reichenbach und Plauen nach Cheb (Eger) hinzu.

2019 wurde beschlossen, den Zwickauer Hauptbahnhof – wie 14 andere Stationen im Freistaat – zu sanieren. Wann es losgehen soll, wurde allerdings nicht gesagt. Außerdem plant die Deutsche Bahn, Zwickau (wie Chemnitz) wieder an den Fernverkehr anzubinden. Die Rede ist sogar vor einer Intercity-Linie zwischen München, Dresden und Berlin. Irgendwann in den 2020er-Jahren soll es so weit sein.

Eine Reko-Schnellzuglok vor dem Bahnhof Meiningen im Jahr 2018

MEININGEN

Die eine Hälfte preußisch, die andere bayerisch: Ähnlich wie der Leipziger Hauptbahnhof war auch Meiningens Bahnhof bis zur Gründung der Deutschen Reichsbahn 1920 zweigeteilt. Genau genommen bestand er sogar aus zwei einzelnen Stationen: zum einen dem Preußischen Bahnhof, eröffnet 1858 als Durchgangsstation der Werrabahn, die Eisenach und Lichtenfels miteinander verbindet, auf der ab 1884 auch Züge zwischen Berlin und Stuttgart verkehrten und die 1895 von Preußen übernommen wurde. Zum anderen dem gleich südwestlich neben dieser Station gelegenen Bayerischen Bahnhof, einem Kopfbahnhof, der 1874 in Betrieb ging. Erkennbar ist diese Zweiteilung noch immer, denn die Gleisanlagen wurden nicht wesentlich verändert, und auch die beiden Empfangsgebäude existieren nach wie vor.

Im früheren Bayerischen Bahnhof beginnen und enden die Züge Richtung Schweinfurt bis heute. Oder vielmehr: Sie tun es wieder seit 1991. Denn nach 1945 hatte sich die nahe thüringische Grenze zu Bayern zur innerdeutschen Grenze gewandelt. Allerdings wurde die einstige Haupt- und Residenzstadt des kleinen Herzogtums Sachsen-Meiningen, die eine bedeutende Rolle in der Kultur- und insbesondere in der Theatergeschichte spielte, zu DDR-Zeiten so zum Start- und Endpunkt vieler Fernzüge. Mittlerweile gibt es hier nur noch Regionalverkehr, auf insgesamt gerade einmal vier Bahnsteiggleisen.

Jenseits der Schienen, dem preußischen Empfangsgebäude direkt gegenüber, erhebt sich ein in den 1970er-Jahren gebauter Ringlokschuppen. Einen legendären Klang besitzt die kleine Stadt in den Ohren von Eisenbahnfans jedoch wegen einer anderen Anlage: Rund einen Kilometer nördlich des Bahnhofs befindet sich die 1910–14 errichtete frühere Hauptwerkstatt, die heute eines der letzten großen Instandhaltungswerke für Dampflokomotiven in Europa ist. Betrieben von einer Tochtergesellschaft der Deutschen Bahn AG, kümmert es sich aber auch um die Instandhaltung und Restaurierung historischer Reisezugwagen, Diesel- und Elektroloks. Die Kundschaft des Dampflokwerks Meiningen kommt nicht nur aus ganz Europa, sondern sogar aus Australien.

Der Kasseler Hauptbahnhof mit der Skulptur „Man Walking to the Sky"
von Jonathan Borofsky auf dem Vorplatz

KASSEL Hauptbahnhof

Im Falle des Kasseler Hauptbahnhofs hat man aus der entstandenen Not eine ortstypische Tugend gemacht. Die Not ist der Bedeutungsverlust, den die Station 1991 mit der Fertigstellung der Schnellfahrstrecke Hannover-Würzburg erlitt. Seither ist der Bahnhof Wilhelmshöhe der eigentliche Hauptbahnhof Kassels, Fernverkehr findet praktisch nur noch dort statt. Die ortstypische Tugend ist, dass sich die einstige hessische Residenzstadt durch die Documenta alle fünf Jahre als Nabel der internationalen Kunstwelt fühlen darf. Auch am Hauptbahnhof haben die Kunstschauen Spuren hinterlassen, und so lag es nahe, die Station in einen „Kulturbahnhof" umzuwandeln und damit freigewordene Flächen einmal nicht kommerziell, sondern kulturell zu nutzen.

Pläne, den Eisenbahnverkehr in Kassel neu zu gestalten, hatte es schon vor 1945 gegeben. Nach dem Zweiten Weltkrieg gewannen sie insofern an Dringlichkeit, als die Stadt nun in der Nähe der innerdeutschen Grenze lag und durch Kassel eine der wichtigsten Nord-Süd-Achsen im Bundesbahnnetz führte. Diese war bald nicht nur überlastet, auch stellte der Abstecher zum Kasseler Kopfbahnhof einen Umweg dar, der Zeit und Kapazitäten raubte.

Das Projekt Schnellfahrstrecke wurde seit Ende der 1960er-Jahre verfolgt, und im Laufe des sich mehr als zwei Jahrzehnte hinziehenden Planens, Streitens und Bauens wurde seitens der Stadt auch der Wunsch nach einer Art „Kassel 21" geäußert: Der Hauptbahnhof sollte ergänzt werden um eine unterirdische Durchgangsstation. Anders als später in Stuttgart war diese Lösung mit einem viele Kilometer langen Tunnel den Bauherren und Geldgebern aber zu teuer.

Bahnanschluss hatte Kassel 1848 erhalten. Schon ungewöhnlich früh fiel der Entschluss, die in der Stadt aufeinandertreffenden Eisenbahnlinien in einem Gemeinschaftsbahnhof zusammenzuführen. 1856 wurde der heutige Hauptbahnhof eröffnet. Er galt als das bedeutendste Werk des örtlichen Baumeisters Gottlob Engelhard.

Der Kasseler Hauptbahnhof um 19ØØ

Später umgebaut und erweitert, nahm auch dieses Gebäude im Zweiten Weltkrieg Schaden. Im Oktober 1943 zählte Kassel zu den ersten Städten, in denen es den Alliierten gelang, durch einen großen Luftangriff einen Feuersturm zu entfachen. Innerhalb kürzester Zeit wurde nahezu die gesamte, von Fachwerkbauten geprägte Innenstadt zerstört.

Beim Wiederaufbau des Hauptbahnhofs setzte der Architekt Friedrich Bätjer die traditionelle Trennung in der Gestaltung solcher Anlagen auf moderne Weise fort: Die „Bahnseite" stellte er in Anlehnung an das frühere Aussehen wieder her. Die „Stadtseite" erhielt ein völlig neues Gesicht: schlicht und sachlich, ganz dem Geschmack der 1950er-Jahre entsprechend. Eine Rolle dürfte dabei auch gespielt haben, dass die Hauptfassade die Sichtachse der Treppenstraße abschließt. Diese war kurz nach dem Krieg als Verbindung zum tiefer gelegenen Friedrichsplatz quer durch die abgeräumten Trümmerflächen gebaut worden. Damals eine elegante Einkaufsstraße, wird sie noch heute gern als Deutschlands erste Fußgängerzone bezeichnet. Das neue Bahnhofsrestaurant wurde von Documenta-Gründer Arnold Bode und seinem Bruder Paul ausgestaltet.

1968, rechtzeitig zur vierten Documenta, gehörte Kassel zu den ersten deutschen Städten, die sich neben Berlin und Hamburg mit einer U-Bahn schmücken konnten. Oder genauer: mit einer unterirdischen Straßenbahnhaltestelle. Natürlich befand sich über dieser auch eine „B-Ebene" zur Unterquerung des Bahnhofsvorplatzes inklusive einer Ladenpassage.

Mit dem Bedeutungsverlust des Hauptbahnhofs setzte in den 1990er-Jahren ein Niedergang der Anlage ein. 2005 wurde sie stillgelegt, auch weil für ihre Südrampe in der Kurfürstenstraße eine neue Verwendung vorgesehen war: Die 2001 geschaffene „RegioTram", ein Tram-Train-System nach dem „Karlsruher Modell", benötigte eine Verbindung zwischen den Strecken der Deutschen Bahn und dem Kasseler Straßenbahnnetz. Im Hauptbahnhof wurden dafür drei Bahnsteiggleise abgesenkt (die Züge halten auf der Rampe), unter dem Empfangsgebäude, das nur knapp

Ein Zug verlässt den Tunnel unter dem Empfangsgebäude über die Ostrampe in der Kurfürstenstraße.

Das Kunstwerk „Das über Pflanzen ist eins mit ihnen“ von Lois Weinberger auf Gleis 1, dem ehemaligen Gleis für die Gepäck- und Posttransportzüge

einem Teilabriss entging, hindurchgeführt und mit der alten Südrampe verknüpft. Diese Verbindung ging 2007 in Betrieb.

Die abgeschnittene unterirdische Bahnsteighalle fungierte noch als ein Veranstaltungsort der Documenta 14 im Jahr 2017. Kurz darauf rettete man die „Gläserne Stadt“, ein 14 Meter langes, 2,5 Meter hohes und ursprünglich hinterleuchtetes Glasmosaik von Dieter von Andrian, das einen stilisierten Stadtplan Kassels zeigt und die B-Ebene schmückte. Demontiert und restauriert fand es Ende 2019 einen neuen Standort an der Straßenbahnhaltestelle in der Friedrich-Ebert-Straße. Auch ohne dieses Werk gibt es im und am Kasseler Hauptbahnhof noch immer viel Kunst: Am auffälligsten ist sicher Jonathan Borofskys Skulptur „Man Walking to the Sky“ (landläufig „Himmelsstürmer“ genannt) auf dem Bahnhofsvorplatz. Ebenfalls das Erbe einer Documenta ist Lois Weinbergers 1997 entstandene Installation „Das über Pflanzen ist eins mit ihnen“ auf Gleis 1, in der Unwissende einfach nur einen überwucherten Schienenstrang sehen könnten. Sie soll auch daran erinnern, dass von diesem Gleis in der Zeit des Nationalsozialismus Deportationszüge abgingen.

Der benachbarte Südflügel beherbergt unter anderem Ausstellungsflächen, ein Tagungszentrum sowie ein Museum zu Leben und Werk des berühmten Komponisten und Geigers Louis Spohr. Schon seit der Kulturbahnhof 1995 eröffnet wurde, befindet sich darin die „Caricatura – Galerie für komische Kunst“, eigenem Bekunden nach die einzige ihrer Art in Deutschland. Zur selben Zeit wurde auch nach vollständigem Umbau das „BALi“ wiedereröffnet, dessen Name natürlich nicht auf die indonesische Insel verweist, sondern eine Abkürzung für „Bahnhofs-Lichtspiele“ ist. Das Kino mit anspruchsvollem Programm hat heute zwei Säle. Ferner gibt es im Kasseler Hauptbahnhof unter anderem Kunstgalerien und andere Ausstellungsräume, ein Architekturzentrum, die Zentrale des Kasseler Offenen Kanals, ein Jugendzentrum und natürlich Gastronomie.

Der Frankfurter Hauptbahnhof bei Nacht

FRANKFURT (MAIN) Hauptbahnhof

Nein, er ist nicht der größte. Der Münchner Hauptbahnhof hat mehr Bahnsteiggleise, der Hamburger mehr Fahrgäste und Besucher, der Leipziger mehr Fläche. Nichtsdestoweniger ist der Hauptbahnhof von Frankfurt am Main ein beeindruckendes Bauwerk. Allein schon seiner Ausmaße wegen, aber auch aufgrund der architektonischen Gestaltung: Die Bahnsteighalle besteht aus fünf Schiffen. Aus der 270 Meter breiten Fassade, die in der Tiefe gestaffelt ist, springt die Empfangshalle deutlich hervor. Bekrönt wird sie von einer 6,3 Meter hohen Figurengruppe, aus der ein Atlas hervorragt, der die Weltkugel trägt.

Wie in anderen Städten ersetzte auch in Frankfurt am Main der „Centralbahnhof", wie er anfangs genannt wurde, eine Reihe älterer und kleinerer Stationen. Schon damals spielte bei der Vielzahl der Strecken, die die Mainmetropole zum Ausgangs- bzw. Endpunkt nahmen, natürlich deren (damals noch nicht ganz so) zentrale Lage innerhalb Deutschlands eine Rolle. Ferner die topographisch günstige Position und selbstverständlich der Rang als Handelsstadt, den Frankfurt seit Langem besaß. So entstanden die drei nebeneinanderliegenden „Westbahnhöfe": der 1839 eröffnete Taunusbahnhof der Strecke nach Wiesbaden, der 1848 eröffnete Main-Neckar-Bahnhof der Strecke nach Heidelberg und der 1850 eröffnete Main-Weser-Bahnhof der Strecke nach Kassel. Sie befanden sich an der Gallusanlage, westlich von der die Namen Taunusstraße, Neckarstraße und Weserstraße noch heute an die Stationen erinnern.

Die Main-Neckar-Bahn war bereits 1846 eröffnet worden, hatte aber wegen der noch fehlenden Mainbrücke zunächst südlich des Flusses geendet. Vor allem auf dem Gelände des Neckarbahnhofs fand, nachdem dieser wie seine Nachbarn 1888 geschlossen und abgerissen worden war, 1891 die von Oskar von Miller geleitete Internationale Elektrotechnische Ausstellung statt. Zu ihren Publikumsattraktionen gehörte ein elektrisch betriebener Wasserfall. Für die Fachwelt wichtiger war jedoch die Übertragung von Drehstrom aus dem

Die Bahnsteighalle des Hauptbahnhofs um 1888 …

… und heute

Wartesaal des Hauptbahnhofs im Jahr 1890

Blick vom Main Tower auf den Hauptbahnhof

176 Kilometer entfernten Lauffen am Neckar. Durch diese Vorführung galt das Problem der Fernübertragung von Strom als gelöst und die Frage, welche Technik sich dafür am besten eignen würde, als entschieden. Nach dem Ende der Schau entstand auf dem einstigen Areal der Westbahnhöfe das später berühmt-berüchtigte Bahnhofsviertel rund um die Kaiserstraße, das nun die Verbindung zwischen der Altstadt und der neuen Station herstellte.

Diese war 1883–88 errichtet worden, gut einen halben Kilometer südwestlich der alten Bahnhöfe, die längst nicht mehr leistungsfähig genug waren. Die Pläne zu ihrem Bau hatten sich konkretisiert, nachdem sich Preußen 1866 die Freie Stadt Frankfurt ebenso angeeignet hatte wie das Herzogtum Nassau, die Landgrafschaft Hessen-Homburg und das Kurfürstentum Hessen (zur Unterscheidung vom Großherzogtum Hessen auch „Hessen-Kassel" genannt). Obwohl damit die Kleinstaaterei im Frankfurter Raum reduziert worden war, zogen sich die Planungen und Debatten über das Wie und Wo des neuen Bahnhofs noch über Jahre hin. In dieser Zeit konnte die Stadt auch seine Verlegung auf das ehemalige Galgenfeld durchsetzen.

Den 1880/81 veranstalteten Wettbewerb gewann der Architekt Hermann Eggert mit einem Entwurf im Stil der Neorenaissance. Die Renaissance gilt als jene Epoche, in der in den bedeutenden Handelsstädten Oberitaliens das moderne Finanz- und Wirtschaftssystem (manche sagen: der Kapitalismus) entwickelt wurde. Also der angemessene Bezugspunkt für die stolze Handelsmetropole Frankfurt am Main. Den zweiten Platz errang Johann Wilhelm Schwedler, der auch ein erfahrener Ingenieur war und nun die Bahnsteighalle konstruieren sollte, deren drei Schiffe sich bis über den Querbahnsteig erstrecken. 186 Meter lang, 168 Meter breit und 28 Meter hoch, überspannt sie insgesamt 18 Gleise. Bis zur Eröffnung des Leipziger Hauptbahnhofs Ende 1915 galt der Frankfurter als größter Bahnhof Europas.

Schon am Abend des Eröffnungstages überfuhr eine Lokomotive den Prellbock am Ende des Gleises und kam erst auf dem Querbahnsteig zu stehen. Der Höhepunkt einer Serie derartiger Unfälle ereignete sich am Nikolaustag 1901: Die Lokomotive des Oostende-Wien-Express raste bis in den Wartesaal der 1. und 2. Klasse. Da dies gegen fünf Uhr morgens geschah, wurde glücklicherweise niemand verletzt.

Weil der Verkehr weiterwuchs, entstanden 1912–24 beiderseits Anbauten. Die neuen, je 31 Meter breiten Hallenschiffe wurden acht Meter niedriger ausgeführt als die alten. Auch die neoklassizistischen Fassaden der neuen Seitenflügel ordneten sich dem vorhandenen Bau unauffällig unter. Die damals erreichte Zahl von 25 Bahnsteiggleisen (eins davon außerhalb der Halle) besteht bis heute. Hinzugekommen sind aber noch vier unterirdische S-Bahn-Gleise. Auch der ebenfalls 1978 eröffnete U-Bahnhof besitzt vier Gleise, von denen allerdings bisher nur drei im Fahrgastbetrieb genutzt werden.

Während im Zweiten Weltkrieg weite Teile von Frankfurt am Main zerstört wurden (darunter praktisch die gesamte Altstadt), nahm der Hauptbahnhof erstaunlich wenig Schaden.

Im geteilten Deutschland wuchs Frankfurts Bedeutung. In der 1949 gegründeten Bundesrepublik lag die Stadt viel zentraler, als es im Deutschen Reich der Fall gewesen war. Außerdem profitierte sie stark davon, dass Berlin seine Hauptstadtfunktion für den westdeutschen Staat nicht mehr erfüllen konnte. Nun wurde Frankfurt zum wichtigsten Verkehrsknotenpunkt (in dem auch die Deutsche Bundesbahn ihren Hauptsitz hatte) und zur unumstrittenen Finanzmetropole. Um ein Haar wäre es sogar Bundeshauptstadt geworden.

Im Zuge des Wirtschaftswunders und auch weil die deutsche Wiedervereinigung nicht so schnell kam, wie man es in den 1950er-Jahren gehofft hatte, konnte sich Frankfurt am Main ungestört entwickeln. Das Image bekam jedoch rasch Kratzer, etwa 1957 durch den aufsehenerregenden Mord an der Edelprostituierten Rosemarie Nitribitt, die Kunden aus den höchsten Kreisen der Wirtschaft gehabt haben soll. Frankfurt galt bald als Sündenbabel der Bundesrepublik, auch wenn Hamburg seinen Hafen hatte, München die Schwabinger Künstlerszene und es in Berlin besonders liberal zuging.

Als Ende der 1960er-Jahre in der gesamten westlichen Welt die Fortschrittseuphorie und der Zukunftsglaube kippten, wurde das Frankfurter Image

Der Hauptbahnhof mit Vorplatz auf einer Postkarte, um 1912

noch ergänzt um das einer exemplarisch unwirtlichen Stadt. In der zunehmenden Zahl der Hochhäuser, die trotz heftigen Widerstands auch im bahnhofsnahen Villenviertel Westend errichtet wurden, sahen viele nun nicht mehr ein Symbol des Wohlstands, sondern der vermeintlich kalten, lebensfeindlichen Macht des Kapitals. Als Orte, an denen sich deren angebliche Folgen, repräsentiert durch Obdachlose, Drogensüchtige und Kleinkriminelle, besonders deutlich zeigten, galten die Frankfurter B-Ebenen. Allen voran die des Hauptbahnhofs. Der Begriff „B-Ebene" wurde am Main vielleicht nicht erfunden, aber bekannt gemacht: Er bezeichnet einfach das Verteilergeschoss, das sich über unterirdischen Bahnsteighallen (der C- und vielleicht auch D-Ebene) befindet, direkt unter der Straßenoberfläche (der A-Ebene). Zur Orientierung dienten diese Begriffe, seit in Frankfurt 1963–68 die erste U-Bahn sowie 1969–92 ein innerstädtischer S-Bahn-Tunnel gebaut wurden. Mit der unterirdischen S-Bahnsteighalle des Hauptbahnhofs, deren Auskleidung inzwischen vollständig verändert wurde, entstand auch eine dreigeschossige Tiefgarage, die teilweise als Bunker genutzt werden kann.

Um diesen S-Bahnhof in offener Bauweise errichten zu können, hatte man den Nordflügel des Hauptbahnhofs abgerissen und anschließend mit den zuvor nummerierten Originalsteinen wiederaufgebaut. In Frankfurt zeigte die Bundesbahn somit, was sie konnte, wenn sie wollte, während sie in Hamburg-Altona den Bau eines S-Bahn-Tunnels zum willkommenen Anlass nahm, gleich den ganzen großen Bahnhof (ebenfalls ein Werk Hermann Eggerts) abzureißen.

Wie seine B-Ebene galt in den 1970er-Jahren auch der Frankfurter Hauptbahnhof selbst als besonders schlimme Herberge dessen, was als „typisches Bahnhofsmilieu" großer Städte angesehen wurde. Letzteres trug dazu bei, dass Bahnfahren ein noch schlechteres Image bekam, als es dies im Vergleich zur Reise mit den neueren Verkehrsmitteln Auto und Flugzeug bereits hatte.

Ein Zug macht Kaffeepäuschen im Hauptbahnhof.

Erst in den 1990er-Jahren begann die Bahn in Deutschland systematisch damit, ihre größeren Stationen zu renovieren und grundlegend umzugestalten. In der Regel bedeutete dies, auch durch ein verändertes Serviceangebot (vor allem Aufgabe von Gepäck- und Eilgutabfertigung, Einstellung der Postbeförderung) und dadurch veränderte Nutzungskonzepte, den Umbau zum Einkaufszentrum. Von den Empfangsgebäuden blieb dabei oft wenig mehr übrig als das Äußere, die – nun ebenfalls sorgfältig renovierte – Empfangshalle und vielleicht noch der eine oder andere Wartesaal, wenn dieser genügend Schnörkel aufwies.

Die Fassade des Frankfurter Hauptbahnhofs wurde zuletzt 2013 saniert. Schon 2002–06 hatte man die Dächer der Bahnsteighallen komplett erneuert. Erst dabei wurde die Verglasung, die im Zweiten Weltkrieg zerstört und anschließend zum großen Teil durch Holz ersetzt worden war, vollständig wiederhergestellt. Der 22 Meter hohe Stellwerksturm am Westkopf, 1955–57 erbaut, steht heute ebenso unter Denkmalschutz wie das Bahnhofsgebäude. 2015–20 fand in dessen Innerem ein weiterer Umbau statt, um bislang nicht genutzte Keller in weitere Einkaufsflächen umzuwandeln.

Ein anderes Kellerprojekt, von dem man aus Kostengründen bereits Abstand genommen hatte, wurde wenigstens teilweise wieder aus der Schublade geholt: Schon in den 1990er-Jahren hatte man ernsthaft erwogen, den Hauptbahnhof zu einer Durchgangsstation umzubauen. Entsprechende Pläne wurden auch für München und Stuttgart verfolgt, aber nur in der letztgenannten Stadt schließlich realisiert. Die Kostenexplosion bei diesem Projekt „Stuttgart 21" hielt Bahn, Landes- und Kommunalpolitiker aber nicht davon ab, im Rahmen von „Frankfurt 21" zumindest den Bau eines zweigleisigen Fernbahntunnels ernsthaft zu prüfen. Zehn Kilometer lang, soll er zwischen Niederrad und der Offenbacher Stadtgrenze verlaufen. Am Hauptbahnhof würde eine neue unterirdische Bahnsteighalle entstehen.

Der Gebäudekomplex „The Squaire" ragt über dem Bahnhof empor.

FRANKFURT (MAIN) Flughafen Fernbahnhof

Schon ihr Name macht diese Station zu etwas Besonderem: Wann steht auf Bahnhofsschildern schon mal die Bezeichnung „Fernbahnhof"? In Frankfurt am Main ist sie notwendig, weil Deutschlands größter Flughafen in den 1990er-Jahren nicht mehr mit einem einzigen Bahnhof auskam. Die 1972 eröffnete Station, damals der erste Flughafenbahnhof im Netz der Bundesbahn, heute offiziell Frankfurt (Main) Flughafen Regionalbahnhof, war an der Grenze ihrer Kapazität angelangt. Dass der Verkehr deutlich weiterwachsen sollte, war aber erklärtes Ziel der Politik, denn schon damals ermutigte man gern zur Nutzung der umweltfreundlichen Bahn. Um diese attraktiver zu machen und den Inlandsflugverkehr zu reduzieren, entstand 1995–2002 nach jahrzehntelangen Planungen und Debatten die Schnellfahrstrecke Köln-Rhein/Main. Sie war auch als Zubringer zum Frankfurter Flughafen gedacht – er kann heute vom Kölner Hauptbahnhof aus in rund einer Dreiviertelstunde erreicht werden.

Am Rhein-Main-Airport war der heutige Regionalbahnhof von vornherein nur als solcher vorgesehen, auch wenn er 1985 an das Intercity- und später an das ICE-Netz angebunden wurde. Schon 1972 hatte man einen Fernbahnhof an der Stelle geplant, an der er zwischen 1997 und 1999 schließlich entstand: ebenfalls vor dem Hauptgebäude des Flughafens, aber etwas weiter nördlich, eingerahmt von der Autobahn 3 (neben der die Schnellfahrstrecke größtenteils verläuft) und der Bundesstraße 43. Überlegungen, die alte, lediglich dreigleisige Station zu erweitern, waren verworfen worden. Bei seiner Einweihung war der neue Bahnhof noch gar nicht ganz fertiggestellt, und die eigentliche Schnellfahrstrecke wurde erst drei Jahre später eröffnet. Ihr (von der Kilometrierung her) Endstück zwischen dem Abzweig Mönchhof an der Mainbahn und dem Anschluss an die Riedbahn am Frankfurter (Autobahn-)Kreuz ging somit als Erstes in Betrieb.

Im Innern von „The Squaire"

In dem viergleisigen Fernbahnhof sind die beiden äußeren Schienenstränge der Schnellfahrstrecke zugeordnet, die Richtung Frankfurter Innenstadt führt, die beiden inneren der Kurve Zeppelinheim, die am westlichen Bahnhofskopf abzweigt und den Anschluss von und nach Mannheim herstellt. Die Nummerierung „Fern 4" bis „Fern 7" schließt an jene der alten Station an, in der sich die Gleise „Regio 1" bis „Regio 3" befinden. Die Unterscheidung in der Nutzung wird allerdings nicht mehr ganz eingehalten: War der neue Bahnhof bei seiner Eröffnung der einzige in Deutschland, in dem planmäßig ausschließlich Fernzüge hielten, so verkehrt hier inzwischen auch eine Regionalbahnlinie.

Der alte Flughafenbahnhof war noch ohne allzu große architektonische Ambitionen entstanden. Den neuen, freistehenden entwarf das Büro Bothe, Richter, Teherani als 660 Meter lange und bis zu 55 Meter breite, rundum verglaste Halle. Da fast nur helle, oft auch spiegelnde Materialien verwendet wurden, wirkt sie im Inneren fast so aseptisch sauber, wie es traditionell einem Flughafen zugeschrieben wird, aber weniger einem wichtigen Fernbahnhof. An beiden Ein- und Ausfahrten wurde ein Belüftungssystem installiert, das die Raumtemperatur konstant halten und Luftzug vermeiden soll. In der Mitte der 30 Zentimeter dicken und rund 34 000 Quadratmeter großen Dachplatte befindet sich ein Loch, das jedoch nicht allzu viel zur Belichtung der Bahnsteige beiträgt. Dazu ist die Öffnung zu klein und die Halle zu lang. Außerdem folgt über der Bahnsteigdecke zunächst ein Zwischengeschoss, in dem unter anderem die Polizei und die DB Lounge untergebracht sind. Dann erst kommt die Zugangsebene mit der Verbindung zum Regionalbahnhof und zum Flughafenterminal.

Überdacht wird diese Ebene von einer zweiachsig gekrümmten Glaskuppel von 135 Metern Länge, 40 Metern Breite und bis zu 15 Metern Höhe. Sie verlieh dem neuen Bahnhof ein markantes Äußeres, doch leider kann man sie heute vom Flughafen oder den vorbeiführenden Straßen aus nicht mehr sehen.

Inzwischen erhebt sich nämlich über der Station ein Gebäude, das bei der Grundsteinlegung 2007 noch

Zugang zum Fernbahnhof am Frankfurter Flughafen

Auch einige wenige S-Bahn-Züge nutzen den Fernbahnhof.

„Frankfurt Airrail Center" hieß und vier Jahre später unter dem Phantasienamen „The Squaire" eingeweiht wurde. Von vornherein war die Dachplatte des Bahnhofs so ausgeführt worden, dass sie auch als Bodenplatte eines Hochhauses dienen konnte. Das Geschäft war für die Bahn wohl einfach zu verlockend, zumal sie für den Bau der Station in erheblichem Maße eigenes Geld hatte ausgeben müssen. Und so kann man von deren Zugangsebene nun eben nicht mehr rundherum den Himmel sehen, sondern man blickt hauptsächlich auf Hauswände, die gläserne Kuppel ist herabgesunken zur Überdachung eines Innenhofs. Konsequenterweise wird sie bisweilen auch großflächig mit Reklame zugeklebt. Und manchem erscheint der Bahnhof jetzt als Erd- oder gar Kellergeschoss eines Gebäudes, das es ohne ihn gar nicht gäbe. Das wuchtig gerundete Haus, 660 Meter lang, bis zu 65 Meter breit und 45 Meter hoch, wird wegen seiner Gesamtmietfläche von 140 000 Quadratmetern gern als größtes Bürogebäude Deutschlands bezeichnet. In Wahrheit beherbergt es auch zwei Hotels sowie Geschäfte und Restaurants. Eine „MiniMetro" genannte Standseilbahn der Südtiroler Leitner AG, einem der weltweit führenden Seilbahnbauer, verbindet es mit einem westlich von ihm gelegenen eigenen Parkhaus mit 2500 Stellplätzen. Entworfen wurde „The Squaire" vom Büro JSK, von dem auch der Berliner Bahnhof Südkreuz oder die neue Bahnsteighalle des Berliner Bahnhofs Ostkreuz stammen. Durch die Überbauung des Flughafenfernbahnhofs wurde eine auffällige Architektur (die lange Glaskuppel) durch eine andere ersetzt, wobei neue Bürogebäude, die durch ihr Aussehen ein eigenes Image begründen wollen, heute nichts Besonderes mehr sind: Das gehört zum Marketing, denn Räume in solchen Bauten lassen sich natürlich lukrativer verwerten.

Allerdings wird Frankfurts Ruhm, den größten Flughafenbahnhof Deutschlands zu besitzen, an Berlin übergehen, wenn dort der neue Großflughafen eröffnet wird: In dem bereits seit 2011 fertiggestellten Bahnhof stehen zwar nur sechs Gleise zur Verfügung, diese befinden sich aber in einer einzigen, von S-, Regional- und Fernbahn gemeinsam genutzten Station.

Blick auf den Haupteingang des Wiesbadener Hauptbahnhofs

WIESBADEN Hauptbahnhof

Von außen wirkt er mit seinen zwei Giebeln, der Kuppel und dem 40 Meter hohen Uhrturm eher wie eine Mischung aus Schloss und Kirche als wie ein Bahnhof. Als er 1906 eröffnet wurde, waren die pompösen neobarocken Formen eigentlich schon veraltet. Kaiser Wilhelm II. freilich hatte einen ausgesprochen konservativen Kunstgeschmack. Und Wiesbadens Hauptbahnhof hatte nicht zuletzt den noblen Rahmen für die alljährliche Reise des Monarchen in die prominente Kurstadt zu bieten.

Wie in vielen deutschen Städten um 1900 ersetzte der dortige Neubau eine Reihe kleinerer alter Bahnhöfe. Auch in Wiesbaden hatten sie sich nebeneinander angesiedelt, südlich der Rheinstraße. Der erste war der Taunusbahnhof, einer der beiden Endpunkte der 1839/40 eröffneten Taunus-Eisenbahn nach Frankfurt am Main. Westlich von ihm wurde 1857 der Rheinbahnhof eingeweiht, Endstation der Nassauischen Rheinbahn, deren erster Abschnitt bereits im Jahr zuvor eröffnet worden war und die heute zur rechten Rheinstrecke nach Köln gehört. 1864 führte die Nassauische Rheinbahn bis Niederlahnstein. Zwei Jahre später annektierte Preußen das Herzogtum Nassau, dessen Hauptstadt Wiesbaden damals war. 1868 erhielt der Rheinbahnhof endlich ein repräsentatives Empfangsgebäude, das – ungewöhnlich für eine Kopfstation – seitlich neben den Bahnsteigen errichtet wurde. Östlich des Taunusbahnhofs ging 1879 der Ludwigsbahnhof als Endpunkt der Ländchesbahn in Betrieb, die in Niedernhausen im Taunus eine Verbindung zur Main-Lahn-Bahn schaffen sollte. Diese Strecke hatte die private Hessische Ludwigsbahn kurz zuvor eröffnet. Als Empfangsgebäude in Wiesbaden diente die umgebaute Bankiersvilla Mons. 1889 kam noch die Langenschwalbacher Bahn hinzu, die zunächst in das heutige Bad Schwalbach führte, später weiter nach Diez, wo Anschluss an die Lahntalbahn bestand. Die heute Aartalbahn genannte Strecke (nicht zu verwechseln mit der Ahrtalbahn auf der linken Rheinseite) erreichte Wiesbaden von Westen her und wurde daher in den Rheinbahnhof eingeführt.

Hauptfront des damals neuen Hauptbahnhofs, Postkarte von 1907

Da zu jener Zeit die Zahl der Einwohner wie die der Kurgäste rasch wuchs, begann 1891 die offizielle Planung für eine neue Station. Es gab Überlegungen, die drei Kopfbahnhöfe durch einen Durchgangsbahnhof zu ersetzen. Dieser hätte allerdings ein paar Kilometer weiter südlich entstehen müssen, weit vom Stadtzentrum entfernt. Schon dass der neue Hauptbahnhof nur ein paar Hundert Meter südlich der alten Stationen gebaut wurde, empfanden manche als Zumutung, lag dieser Standort damals doch auch am Rande der Stadt, am südöstlichen Beginn der neuen Ringstraße. Im November 1906 wurde der Neubau feierlich eröffnet – noch ohne den Zusatz „Hauptbahnhof", den er erst 1928 erhielt. Sein Architekt Fritz Klingholz hatte auch die Bahnhöfe von Koblenz, Worms oder Lübeck errichtet.

In Wiesbaden standen damals elf Bahnsteiggleise zur Verfügung (das westlichste verschwand, nachdem 1983 auf der Aartalbahn der Personenverkehr eingestellt worden war). Natürlich wurden sie mit einer Halle geschützt. Deren fünf Schiffe mündeten auf den mit einer etwas höheren Halle überdachten Querbahnsteig. Während an der Außenfassade roter Sandstein prangte, wurde hier gelber verwendet. Allerdings hätte man wohl besser auch die Längsschiffe etwas höher ausführen sollen: Bereits ein halbes Jahr nach der Eröffnung der Station stellte die Bahnverwaltung fest, dass sie durch den Rauch der Dampflokomotiven sehr stark verschmutzt wurden.

Nach dem Ersten Weltkrieg lag Wiesbaden in der von den Alliierten besetzten Zone im Westen des Deutschen Reichs. Als die Auseinandersetzungen um das nachträglich besetzte Ruhrgebiet eskalierten, traf dies auch den Wiesbadener Bahnhof, wo inzwischen französisches und belgisches Militär den Betrieb übernommen hatte: Im Juni 1923 wurde ein Bombenanschlag auf die Schalterhalle verübt. Während bei anderen Attentaten im Zusammenhang mit dem „Ruhrkampf" keine Personen zu Schaden kamen, erlitten hier zwei Reisende Verletzungen.

Eingang zum ehemaligen Kaiserpavillon, der im Zweiten Weltkrieg zerstört wurde, neben Gleis 1

Der Querbahnsteig im Wiesbadener Hauptbahnhof

Zu den Verlusten im nächsten Weltkrieg gehörten die gesonderten Empfangsräume für gekrönte Häupter, allen voran den Kaiser: Der „Kaiserpavillon" hatte an der Ostseite des Hauptbahnhofs einen eigenen Eingang besessen, der von einem großen steinernen Adler bekrönt wurde, und natürlich eine eigene Auffahrt. Heute erinnert daran nur noch der Rest des einstigen Zugangs in der Außenwand neben Gleis 1. Von diesem Relikt der Monarchie abgesehen erhielt der Wiesbadener Hauptbahnhof Anfang des 21. Jahrhunderts wieder weitgehend sein ursprüngliches Aussehen. Verglichen mit anderen großen Stationen bot er nur relativ wenige Räumlichkeiten, die in Gewerbeflächen umgewandelt werden konnten.

Während die gesamte Bahnsteighalle einst eine räumliche Einheit bildete, stellen die Verkaufskioske am Kopf der Längsbahnsteige heute eine optische Barriere dar. Außen rückt dem prächtigen Bau das 2007 eröffnete Einkaufszentrum Lilien-carré (neuere Selbstbezeichnung auch: „Das Lili") allzu sehr auf den Leib. Der Komplex, der die in ihn gesetzten Erwartungen nur in Maßen erfüllte, entstand auf dem Areal des Hauptpostamts, das zuvor abgerissen worden war.

Gleiches war bald nach der Eröffnung des Hauptbahnhofs mit den alten Stationen geschehen. Auf ihrem Gleisvorfeld erstrecken sich heute zum großen Teil Grünanlagen sowie die Friedrich-Ebert-Allee. An der Stelle des Ludwigsbahnhofs entstand das 1915 eröffnete Museum Wiesbaden, auf dem Gelände von Taunus- und Rheinbahnhof baute man 1956/57 die Rhein-Main-Hallen. Einer Erweiterung dieses Messe- und Kongresszentrums fiel erst 1969 das Empfangsgebäude des Rheinbahnhofs zum Opfer – zu dieser Zeit hatte man für historische Bauten noch nicht allzu viel Sinn. 2014 wurden auch die alten Rhein-Main-Hallen achtlos abgebrochen und durch einen Neubau ersetzt, der vier Jahre später in Betrieb ging. An seiner Westseite erinnert noch heute die Rheinbahnstraße mit ihrem Namen an das, was hier einmal war.

Der Darmstädter Hauptbahnhof Anfang 2020

DARMSTADT Hauptbahnhof

„Von einem modernen Baumeister, nicht von einem Stilarchitekten" sollte der neue Hauptbahnhof seiner Residenzstadt errichtet werden. Was Ernst Ludwig, der regierende Großherzog von Hessen-Darmstadt, Anfang des 20. Jahrhunderts bestimmt hat, ist heute erklärungsbedürftig: Unter „Stilarchitektur" verstand man das Wiederkäuen der Baustile vergangener Epochen, wie es in der zweiten Hälfte des 19. Jahrhunderts üblich war und heute als „Historismus" bezeichnet wird. Diese Baugestaltung, bei der Fabriken schon einmal so aussehen konnten wie Burgen, Verwaltungsgebäude wie Adelspalais oder Bahnhöfe wie Schlösser, hatte sich totgelaufen und galt um 1900 als veraltet und geschmacklos. Außer bei konservativen Menschen wie Kaiser Wilhelm II., der sich auch gern in architektonische Fragen einmischte. Dies insbesondere bei Staatsbauten, zu denen damals auch jene der „großen" Bahn gehörten.

Allerdings besaßen die Gliedstaaten des deutschen Kaiserreichs in mancherlei Hinsicht größere Eigenständigkeit als die Länder der Bundesrepublik. So konnte der Kaiser seinen zweifelhaften Geschmack zwar in Preußen durchsetzen, dessen König er zugleich war. Aber im Großherzogtum Hessen herrschte Ernst Ludwig, und der hatte sich früh nicht nur als Freund und Förderer der Künste ausgewiesen, allen voran durch die 1899 erfolgte Gründung der Darmstädter Künstlerkolonie auf der Mathildenhöhe. Ernst Ludwigs Unterstützung galt auch dem, was um 1900 als „modern" galt, und das war vor allem der Jugendstil.

Es ist allerdings ein beliebter Kurzschluss, daraus abzuleiten, der 1912 eröffnete Darmstädter Hauptbahnhof sei eine Perle des Jugendstils. Was nach Plänen von Friedrich Pützer entstand, enthält vor allem einige Schmuckelemente dieser Formgebung. Im Wesentlichen weist das Empfangsgebäude aber schon eine schlichtere, strengere Gestaltungsweise auf, die sich nur noch wenigen Dekors bediente.

Darmstadts erster Bahnhof war 1846 fertiggestellt worden. Von allen Stationen der Main-Neckar-Eisenbahn, die Frankfurt am Main mit Heidelberg verband, hatte er das größte Emp-

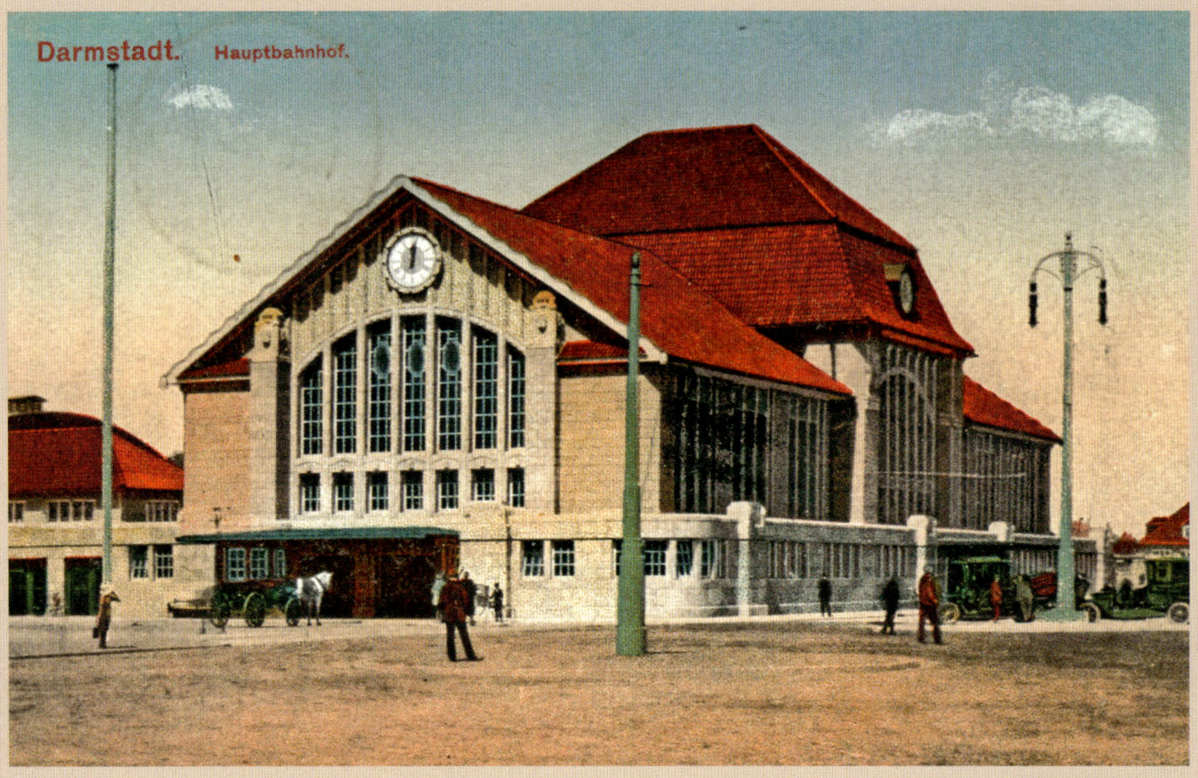

Seitenansicht des Hauptbahnhofs. Postkarte, abgestempelt 1917

fangsgebäude erhalten. Auch die Verwaltung der Bahngesellschaft und deren zentrale Werkstätten wurden in Darmstadt untergebracht. 1858 kam die Rhein-Main-Bahn zwischen Mainz und Aschaffenburg hinzu, die von der Hessischen Ludwigsbahn gebaut und betrieben wurde. Auch sie nutzte in Darmstadt zunächst den Main-Neckar-Bahnhof. Erst 1873–75 entstand der Ludwigsbahnhof. Obwohl an einer durchgehenden Strecke gelegen, wurde er als Kopfbahnhof ausgeführt. Hinzugekommen waren inzwischen noch die Riedbahn nach Worms und die Odenwaldbahn nach Hanau und Eberbach.

Um 1900 waren beide Bahnhöfe zu klein geworden, für Erweiterungen fehlte der Platz. Den Hauptbahnhof errichtete man folglich nach einigem Hin und Her ab 1907 rund 800 Meter weiter westlich, damals noch am Rande der Stadt. Bei dieser Gelegenheit beseitigte man auch Bahnübergänge, denn natürlich erhielten die Strecken eine neue Trassierung und machten um Darmstadt nun einen relativ großen Bogen.

Mit der Eröffnung des Hauptbahnhofs gingen die alten Stationen außer Betrieb. Die Empfangsgebäude wurden im Zweiten Weltkrieg zerstört und in den 1950er-Jahren abgerissen. Teile der Bahnsteigüberdachungen hatten auf anderen Stationen Wiederverwendung gefunden: vom Main-Neckar-Bahnhof in Langen, vom Ludwigsbahnhof in Dreieich-Buchschlag. Dort stehen sie noch heute.

Im Architektenwettbewerb für den Hauptbahnhof war kein Sieger gekrönt worden. Der erwähnte Friedrich Pützer hatte ebenso wie Fritz Klingholz einen zweiten Preis erhalten und sollte Elemente von dessen Entwurf in seinen eigenen einarbeiten. Dessen Ausführung und die Gestaltung der Bahnanlagen besorgte Friedrich Mettegang, von dem auch die Hauptbahnhöfe in Aachen und Oldenburg oder die Stationen Bonn-Bad Godesberg, Darmstadt Nord und Darmstadt Süd stammen.

Bemerkenswert ist die Erschließung der relativ schmalen Bahnsteige der Durchgangsstation: Die Gleise liegen tiefer als das Empfangsgebäude, der Zugangssteg wurde als 94 Meter lange und

Luftansicht des Bahnhofs, 1912

Der Fürstenbahnhof von der Gleisseite aus gesehen

34 Meter breite, über ihnen liegende Querbahnsteighalle ausgeführt, die auch über die fünf rund 100 Meter langen Schiffe der Längsbahnsteighalle hinausragt. Letztere wurden 2005–08 saniert. Bis heute sind sie über den Gleisen offen. Ursprünglich diente dies natürlich dazu, den Rauch der Dampflokomotiven frei abziehen zu lassen. Die Fahrgäste auf den Bahnsteigen wurden vor ihm zusätzlich durch Schürzen geschützt, die ebenfalls noch immer entlang der Bahnsteigkanten von den Dächern herabhängen.

Den parallel zum Zugangssteg verlaufenden Gepäcksteg hat man bei der jüngsten Renovierung des Bahnhofs zu einem Fahrradparkhaus umgebaut. In Verlängerung des Querbahnsteigs entstand, samt einem neuen Zugang, ein Einkaufszentrum. Der überdachte Poststeg, der die Bahnsteige an deren nördlichem Ende überspannt hatte, ist verschwunden.

Erhalten geblieben ist die ungewöhnliche Gestaltung der südlichen Einfahrt mit Torbögen und zwei Dreiecksgiebeln. Bei dieser spielte wohl auch eine Rolle, dass sie zum Fürstenbahnhof blickt. Werden Herrschende heute aus Sicherheitsgründen von der Bevölkerung abgeschirmt, so geschah dies früher ganz unverhohlen zur Betonung des Standesunterschieds. Wenn gekrönte Häupter reisen wollten, waren daher auch die oft luxuriösen Wartesäle der ersten Klasse noch nicht fein genug, die hohen Herrschaften mussten eigene haben. In vielen Orten, in denen Monarchen residierten oder die sie häufig besuchten, entstanden daher solche Fürstenbahnhöfe oder zumindest Fürstenzimmer. Nach dem Ende der Monarchie in Deutschland hatte man oft keine Verwendung mehr dafür. Nur wenige dieser Anlagen sind erhalten. In Darmstadt handelt es sich um einen recht großen Bau gleich südlich des Empfangsgebäudes, etwas näher an den Gleisen gelegen, wodurch Platz für eine große, ehrenhofartige Vorfahrt blieb. Zum Fürstenbahnhof gehört der Fürstenbahnsteig am Gleis 1. In den Räumen war bis zur Jahrtausendwende die Bahnpolizei untergebracht. Heute befindet sich dort ein Restaurant.

Der Eingangsbereich des Ludwigshafener Hauptbahnhofs kurz nach seiner Eröffnung

LUDWIGSHAFEN Hauptbahnhof

Mitte Dezember 1958 legte Oberbaurat Georg Ziegler sein „Projekt Visitenkarte" dem Ludwigshafener Stadtrat vor, im Februar 1959 beschloss dieser es. So schnell konnten in der Bundesrepublik einst Entscheidungen getroffen werden! Leider ist dieses Vorhaben jedoch mittlerweile zu einem Beispiel dafür geworden, dass man über solche großen, womöglich gar „visionären" Projekte doch lieber etwas länger nachdenken sollte. Denn zu dem, was hier der pfälzischen Industriestadt am Westufer des Rheins als Visitenkarte dienen sollte, zählte nicht nur der Umbau von Teilen der Innenstadt mit dem Abriss genutzter Bausubstanz, die die ausgedehnten Zerstörungen des Zweiten Weltkriegs überstanden hatte. Auch sollte ein Verkehrskonzept, das teilweise von dem viel gefragten Experten (und ADAC-Funktionär) Karlheinz Schaechterle stammte, Ludwigshafen aufwerten und zu einer hochmodernen Stadt machen: Das Zentrum umgab man mit zwei aufgeständerten, im Westen sich vereinigenden Hochstraßen. Der 1847 eröffnete Hauptbahnhof, eine Kopfstation am Rhein im Nordosten der Innenstadt, wurde 1969 stillgelegt und abgerissen, obwohl er erst 15 Jahre zuvor ein neues Empfangsgebäude erhalten hatte. Eine wesentliche Rolle bei diesem Schritt, zu dem die Bahn von der Stadt gedrängt wurde, spielte der Bau der Kurt-Schumacher-Brücke über den Rhein.

An der Stelle des alten Hauptbahnhofs erhebt sich heute das 1979 fertiggestellte Rathaus-Center: Ein Hochhaus für die Stadtverwaltung, verbunden mit einem großen Einkaufszentrum. Über Letzteres führt die nördliche Hochstraße hinweg, für die die aufgegebene Bahntrasse zu weiten Teilen genutzt wurde.

Ein neuer Hauptbahnhof entstand am Südwestrand der Innenstadt, wo die Strecken aus Mainz, Saarbrücken und Mannheim aufeinandertreffen. Dieses Gleisdreieck als Standort zu wählen ermöglichte zwar Durchgangsverkehr aus und in alle Richtungen, allerdings handelte es sich im Ludwigshafener Stadtgefüge um eine eher tote Ecke. Den vorhandenen Strecken bzw. den Verbindungskurven zwischen ihnen entsprechend erhielt der neue Hauptbahnhof die ungewöhnliche Form

Der alte Bahnhof von Ludwigshafen. Postkarte, abgestempelt 1912

einer Dreiecksstation, die zudem auf zwei Ebenen liegt. Gipfel der Modernität war jedoch, dass quer über den Neubau die 1968 fertiggestellte südliche Hochstraße auf einer Schrägseilbrücke geführt wurde. Der riesige Pylon, an dem sie hängt, dominiert den Anblick des Hauptbahnhofs, der immerhin zehn Bahnsteiggleise, aber nur ein eingeschossiges Empfangsgebäude erhielt.

Der Zeitgeist der 1960er-Jahre sah keine böse Symbolik darin, wie hier der Autoverkehr eine große Bahnstation auch optisch unterjochte. Im Gegenteil: Bei seiner Eröffnung 1969 wurde Ludwigshafens neuer Hauptbahnhof groß gefeiert, als „modernster Bahnhof Europas" und als zukunftsweisend. Die Bundesbahn nannte ihn eines ihrer attraktivsten Bauwerke. Noch waren der Fortschrittsglaube und die Technik- und Betoneuphorie der Nachkriegszeit nicht verflogen.

Der allgemeine Katzenjammer setzte erst etwas später ein: Über Umwelt- und Stadtzerstörung allgemein, aber auch ganz konkret über die großen „visionären" Projekte der 1960er- und frühen 70er-Jahre, die sich vielerorts als Reinfall entpuppten.

So auch in Ludwigshafen, wo sich die Umgebung des Hauptbahnhofs, anders als erhofft, nicht belebte. Die Station selbst wurde bald nur noch als unwirtliche Ansammlung von Bahnsteigen empfunden, die meist ungünstig in Kurven lagen und über die auch noch ein Gütergleis quer hinwegführte, mit zu langen Wegen und einem unscheinbaren Empfangsgebäude. Immer weniger frequentiert, wandelte sich der Hauptbahnhof zunehmend zum Problemfall. Schon 1984 bezeichnete der Ludwigshafener Oberbürgermeister seinen Zustand in einem Schreiben an den Präsidenten der zuständigen Bundesbahndirektion als „ungepflegt, unsauber, ungastlich und unattraktiv".

Zu dem Verkehrskonzept, das man im Modernitätsrausch der 1960er-Jahre beschlossen hatte, gehörte auch eine U-Bahn. Damals strebten viele bundesdeutsche Städte nach Tunnelstrecken, in denen zunächst die als Verkehrshindernis für die Autos gescholtene Straßenbahn verschwinden,

Die Pylonbrücke der südlichen Hochstraße führt quer über den neuen Ludwigshafener Hauptbahnhof hinweg.

Der Bahnhof Ludwigshafen Mitte hat dem Hauptbahnhof inzwischen den Rang abgelaufen.

später aber womöglich sogar eine „Voll-U-Bahn" fahren sollte, wie sie seinerzeit nur Berlin und Hamburg besaßen. Allerdings war selbst damals der U-Bahn-Wunsch für eine Stadt von der Größe Ludwigshafens, die 1969 rund 175 000 Einwohner zählte, ungewöhnlich. (Das benachbarte, etwa doppelt so große Mannheim, mit dessen Straßenbahnnetz die Ludwigshafener Strecken verbunden sind, verwarf seine U-Bahn-Pläne.) Zumal es, anders als etwa in Kassel, nicht bei einer (in diesem Falle viergleisigen) unterirdischen Haltestelle am neuen Hauptbahnhof bleiben sollte. 1976 ging die anschließende, rund zwei Kilometer lange Tunnelstrecke über Danziger Platz und Hauptpost (heute Rathaus) zur Hemshofstraße in Betrieb. Ende 2008 wurde sie im Zuge von Sparmaßnahmen und angesichts des geringen Verkehrsaufkommens stillgelegt. Ein in Deutschland bislang einmaliger Vorgang.

Mancher Bau, der im Rahmen des „Projekts Visitenkarte" entstanden war, ist inzwischen wieder abgerissen worden. Von der südlichen Hochstraße musste Ende 2019 ein Abschnitt wegen akuter Einsturzgefahr gesperrt werden. 2020 begann der Abriss für einen Ersatzneubau. Dadurch verschiebt sich der Abbruch der ähnlich maroden nördlichen Hochstraße, der ursprünglich vorher hatte stattfinden sollen, mindestens bis in die 2030er-Jahre. Der stillgelegte U-Bahn-Tunnel, der parallel zu ihr verläuft, soll verschwinden, soweit er der geplanten neuen Stadtstraße und ihrer Randbebauung im Wege ist.

2003 ging am zentralen Berliner Platz die dreigleisige Station Ludwigshafen (Rhein) Mitte in Betrieb, die vom Verkehrsaufkommen her dem nominellen Hauptbahnhof rasch den Rang ablief. Bemerkenswerterweise gibt es in diesem auch kein Reisezentrum der Deutschen Bahn, also Fahrkartenverkauf und Auskunft durch Personal, mehr, wohl aber in der Station Mitte. Fernverkehr findet allerdings hier wie dort kaum statt. Schließlich liegt gleich am anderen Rheinufer der Mannheimer Hauptbahnhof, der ein bedeutender Knoten im Fernverkehrsnetz der Deutschen Bahn ist.

Der Heidelberger Hauptbahnhof in der Abenddämmerung

HEIDELBERG Hauptbahnhof

1955 wurde der neue Heidelberger Hauptbahnhof eingeweiht. 1972 stellte man ihn unter Denkmalschutz. Das ist nicht nur wegen des kurzen zeitlichen Abstands bemerkenswert, sondern auch, weil die Architektur der 1950er-Jahre bis heute oft nicht die angemessene Wertschätzung erfährt.

Bis zur Einweihung des neuen Heidelberger Hauptbahnhofs sollte es mehr als ein halbes Jahrhundert dauern. Die Eisenbahn hatte die Universitätsstadt schon 1840 erreicht, gerade einmal fünf Jahre nach dem Beginn des Eisenbahnzeitalters in Deutschland. Obwohl die von Mannheim kommende Badische Hauptbahn von Anfang an weiter den Rhein entlang bis nach Basel und schließlich nach Konstanz führen sollte, entstand in Heidelberg ein Kopfbahnhof. Durch diese Gestaltung konnte man ihn der Heidelberger Topographie zum Trotz möglichst nah an der Stadt bauen: an der Rohrbacher Straße, zwischen der heutigen Poststraße und der Bahnhofstraße. In der Regel musste die Bahn damals noch vor den Toren einer Stadt bleiben, unter anderem aus Gründen des Brandschutzes. Dennoch durften Bahnsteighallen aus Holz errichtet werden. So auch in Heidelberg, wo die Anlage dann 1892 zum Teil abbrannte.

Schon 1843 ging der nächste Streckenabschnitt bis zur badischen Hauptstadt Karlsruhe in Betrieb. 1846 kam die Main-Neckar-Eisenbahn hinzu, die über Darmstadt nach Frankfurt am Main führte. Für sie errichtete man in Heidelberg eine zweite Station neben der bestehenden, fasste sie mit dieser aber baulich zusammen. Erst 1896 wurde aus den beiden Bahnhöfen auch offiziell einer. Die badische Odenwaldbahn erreichte Heidelberg von Würzburg kommend aus östlicher Richtung, durch das enge Neckartal. Angesichts der topographischen Verhältnisse blieb damals nichts anderes übrig, als die Strecke von Osten her in den Heidelberger Bahnhof zu führen, der dadurch 1862 teilweise zur Durchgangsstation wurde. Anfang des 20. Jahrhunderts war die Stadt um ihn herumgewachsen. Er konnte sich nicht, wie es notwendig gewesen wäre, weiter ausdehnen. Der vor ihm liegende beschrankte Bahnübergang behinderte wiederum den Straßenverkehr. Schon seit Längerem hatte es Überlegungen gegeben, den Bahnhof zu verlegen. Zunächst wollte

Der Heidelberger Hauptbahnhof kurz nach seiner Eröffnung

die Stadt die bestehende Station einfach hochlegen. 1901 setzte sich aber doch der Vorschlag der Badischen Staatseisenbahnen durch, rund einen Kilometer weiter westlich einen neuen Durchgangsbahnhof zu bauen. Schon ein Jahr später erfolgte der erste Spatenstich. Zunächst entstand vor allem für den Personenbahnhof ein im Volksmund „Baggerloch" genannter, vier bis fünf Meter tiefer Einschnitt, etwa drei Kilometer lang und bis zu 250 Meter breit. Für den Anschluss der Odenwaldbahn baute man bis 1912 den Königstuhltunnel, über dem Baggerloch wurde 1913 die Czernybrücke eröffnet. Der neue Rangierbahnhof ging im März 1914 in Betrieb. Dann kam der Erste Weltkrieg.

Erst 1926 konnte weitergebaut werden. Bald wurden die Arbeiten durch die Weltwirtschaftskrise wieder ausgebremst und durch den nächsten Weltkrieg gestoppt. Immerhin war zu diesem Zeitpunkt ein Großteil der geplanten Anlagen bereits fertig. Nur das Baggerloch war weitgehend ungenutzt. Für die inzwischen vorgesehene Elektrifizierung musste es noch einmal vertieft werden, als man 1950 damit begann, die Bahnhofsverlegung fertigzustellen. Dies war das erste große Neubauprojekt der kurz zuvor gegründeten Deutschen Bundesbahn.

Im Mai 1955 wurde der neue Hauptbahnhof schließlich eingeweiht, und zwar von keinem Geringeren als Bundespräsident Theodor Heuss. Heute gilt das Empfangsgebäude als wegweisend für die moderne Bahnhofsarchitektur der jungen Bundesrepublik. Anfangs war der „Glaskasten" jedoch umstritten, und bis heute wird gern übersehen, dass etwa die Anordnung der Empfangshalle in einem Winkel von 50 Grad zu den Gleisen auf einem Entwurf Hans Freeses aus der NS-Zeit beruht. Zudem zeigt der von dem Stuttgarter Bahnarchitekten Helmuth Conradi geschaffene Bau mit seinen kräftigen Pfeilern in den großflächig verglasten Fassaden und der weitgehenden Beschränkung auf gerade Linien und rechte Winkel eine gewisse Monumentalität und Strenge. Conradi hatte bei Paul Schmitthenner und Paul Bonatz studiert, den Vätern

Die ursprünglich sehr minimalistisch konzipierte Eingangshalle ...

... aus der gleichen Perspektive im Jahr 2013

der eher konservativen „Stuttgarter Schule", deren bedeutendes Werk der Stuttgarter Hauptbahnhof war. Die Transparenz, Leichtigkeit und Eleganz, die dem Heidelberger Bau seit jeher gern attestiert wird, verlieh Conradi deutlicher dem Pforzheimer Hauptbahnhof, der wenig später entstand.

In Heidelberg findet man die geschwungenen Formen, die für die 1950er-Jahre so typisch sind, an den Dächern der Bahnsteige und des seitlich vollverglasten Gangs, über den man zu ihnen gelangt. Heute wird die Transparenz dieses Raums vor allem durch die nachträglich eingebauten Aufzüge beeinträchtigt. Noch schlimmer hat es die Empfangshalle getroffen, die ursprünglich als möglichst leerer Raum konzipiert war und inzwischen durch Kioske, Stelltafeln, Bänke und andere Möbel recht vollgerümpelt wirkt. Die großen Fensterflächen der Fassaden sind teilweise von Reklametafeln verdeckt.

Die anfänglich vorgesehene Zahl von 20 Bahnsteiggleisen, die selbst für den Durchgangsbahnhof einer Millionenstadt sehr hoch wäre, hatte man nach dem Zweiten Weltkrieg auf zunächst acht reduziert. Heute sind es neun. Die Bedeutung der Station für den Fernverkehr hält sich jedoch längst in Grenzen: Zu groß ist die Konkurrenz des nahen Mannheimer Hauptbahnhofs. Der dem Heidelberger Hauptbahnhof benachbarte Güterbahnhof wurde 1997 stillgelegt, ein Jahr später auch der Rangierbahnhof. Das Betriebswerk war schon 1989 geschlossen worden. Mit der Namensgebung „Bahnstadt" erinnert das dort seit 2010 errichtete Viertel immerhin daran, auf welch historischem Gelände es steht.

Der gut erhaltene alte Hauptbahnhof war noch 1955 einfach abgerissen worden. Rund 60 Prozent des damals aufgegebenen Bahnareals verwendete man für den Bau neuer Straßen und Plätze. Zwischen dem alten und dem neuen Bahnhofsplatz entstand mit der Kurfürstenanlage eine bis zu 70 Meter breite Magistrale, zu der hin die Empfangshalle ausgerichtet ist. Die Bebauung erfolgte eher zögerlich und mit vielen Bürohäusern. Die erhoffte Flaniermeile entstand nicht.

Die Fassade des Pforzheimer Hauptbahnhofs mit dem bunt gepflasterten Vorplatz

PFORZHEIM Hauptbahnhof

Pforzheim gehört zu jenen deutschen Städten, die in den letzten Monaten des Zweiten Weltkriegs in einem einzigen alliierten Luftangriff weitgehend zerstört wurden. Auch der Hauptbahnhof war seit jenem verheerenden 23. Februar 1945 eine Ruine. Es dauerte mehr als ein Jahrzehnt, bis die 1861 eröffnete Station ein neues Empfangsgebäude erhielt, dafür dann aber eines der anspruchsvollsten und gelungensten jener Wiederaufbauzeit. Der Stuttgarter Architekt Helmuth Conradi, der kurz zuvor schon den neuen Heidelberger Hauptbahnhof gestaltet hatte, schuf 1957/58 ein kleines Schmuckkästchen, dem Ruf Pforzheims als „Goldstadt" (einem Zentrum der Schmuck- und Uhrenproduktion) gemäß. Natürlich tat Conradi das ganz im Sinne des Zeitgeistes, der nach einer modernen Formgebung verlangte – dies nicht zuletzt in Abgrenzung zu den klobigen, pathetischen Bauten der NS-Zeit und zu der Architektur des Stalinismus, die diesen ganz ähnlich war. Das Empfangsgebäude ist ein breit gelagerter, kubischer, ganz auf gerade Linien und rechte Winkel ausgerichteter Baukörper, dessen Dachkante durch einen breiten hellen Streifen betont wird. Erst durch diese Reduktion und Strenge kommen jene Elemente zur Geltung, die sie durchbrechen. Beispielsweise die Asymmetrie der Gesamtansicht, die sich aus dem zurückspringenden Restauranttrakt mit seinen Terrassen im Norden und einem kleineren pavillonartigen Anbau im Süden ergibt. Oder die unterschiedlich getönten Platten aus Jura-Marmor, mit denen der Boden der Halle belegt ist und die ein unregelmäßiges Muster ergeben. Die schmalen Längswände in der Empfangshalle wurden ebenso wie einige Fassaden mit Bruchsteinen aus grauem Granit verkleidet, deren ungleichmäßige Form und raue Oberfläche für Belebung sorgen und in die kleine Goldmosaikfelder eingestreut sind.

Alles soll ungezwungen und leicht wirken. Wie leicht, zeigt sich vielleicht am besten an dem dünnen Flugdach über dem Haupteingang, das nur von zwei schlanken Stützen getragen wird. Als Reverenz an die „Goldstadt" wurde es mit goldeloxiertem Aluminium verkleidet. Ebenfalls goldschimmernd

Blick auf den Bahnhof mit dem charakteristischen Flugdach über dem Haupteingang

sind (oder waren) die grazile Bahnhofsuhr und das aus Mosaiksteinen gefertigte, reliefartige Bundesbahn-Signet. „Aufgesetztes" Dekor gibt es nicht, die optische Belebung der Flächen erfolgt mithilfe der verbauten edlen Materialien, deren „reine" Wirkung genutzt wird. Dazu gehört in der Empfangshalle auch die Verkleidung des unteren Bereichs der Wände mit schwarzgrünem Serpentinit, einem stark gemaserten Naturstein, dessen polierte Oberflächen auch noch funkelnd das Licht reflektieren. Die Decke der Halle steigt zur Frontseite hin leicht an. Durch gerippte Blenden ist sie mit der oberen Hälfte der Querwand zusammengefasst, scheint aus dieser stromlinienförmig herauszuwachsen und über der auf voller Höhe und Breite verglasten Hauptfront zu schweben. An der breiten Querwand hängt im oberen Bereich eine große, flache Metallplastik, die den Zugang zu den Bahnsteigen markiert. Sie war ebenso typisch für die damaligen Vorstellungen von „Kunst am Bau" wie der Umstand, dass ein Teil der Bevölkerung die damals als verbindlich angesehene abstrakte Gestaltung nicht schätzte: Die Interpretation des Themas „Goldstadt an der Schwarzwaldpforte" durch den Bildhauer Josef Karl Huber wurde als „Eisenbahnunglück" verspottet.

Die Empfangshalle selbst sollte nach der Absicht des Architekten möglichst frei von irgendwelchen Aufbauten und „Möbeln" bleiben: ein leerer Raum, der ganz den Reisenden dient, in dem nichts deren rasche Orientierung und schnelles Fortkommen behindert. Leider entspricht dies nicht den heutigen Vorstellungen der Deutschen Bahn von Raumgestaltung, und auch deren aktuelle Standardmöbel sind dem noblen Ambiente nicht unbedingt zuträglich. Dabei hatte sich die Bundesbahn bemerkenswert kooperationsbereit und kompromissfähig gezeigt, als das Empfangsgebäude 1989 unter Denkmalschutz gestellt wurde – ziemlich kurzfristig, nachdem die Bahn bereits begonnen hatte, die Fahrkartenschalter durch ein Reisecenter zu ersetzen und zu diesem Zweck die Wände umzugestalten. Schließlich wurden die als notwendig

Die Empfangshalle des Hauptbahnhofs damals ...

... und heute

erachteten Umbauten praktisch unter Wahrung und teilweiser „Verschiebung" der Wandoberflächen vorgenommen. So baute man Natursteinplatten, die für neue Durchbrüche entfernt werden mussten, aus und setzte sie an anderer Stelle, wo überflüssig gewordene Wandöffnungen zu schließen waren, wieder ein. Beispielsweise befindet sich an der Stelle der einstigen Gepäckabfertigung heute eine Presse- und Buchhandlung. Wo Umbauten bereits ohne Mitwirkung der Denkmalpflege begonnen worden waren, versuchte man immerhin, eine Gestaltung zu erreichen, die das Gesamtbild wahrte, etwa mit neuen Tür- und Fensterrahmen, die so feingliedrig und goldeloxiert waren wie die Originale. Dogmatikern der Denkmalpflege, die gern „Geschichte ablesbar" und Veränderungen erkennbar machen wollen, mag dies als problematisch erscheinen. Dahinter steht die Frage, ob man einen Bau als Zeitdokument versteht oder als autonomes Kunstwerk, dessen ursprüngliche Gestaltung so gut wie möglich erhalten werden sollte.

Außerdem ließ sich die Bahn davon überzeugen, die originale Hauptfront mit ihren zeittypisch zarten Fensterprofilen nicht einfach gegen eine moderne, spiegelnde Sonnenschutzverglasung auszutauschen. Stattdessen reaktivierte man alte Lüftungsklappen, baute eine Jalousie ein, die nur bei starkem Sonneneinfall herunterfährt, und versah das Dach mit einem Wärmeschutz.

Am selben Tag wie die Eröffnung des Empfangsgebäudes war 1958 der elektrische Verkehr auf dem Pforzheim berührenden Abschnitt der Strecke Karlsruhe-Stuttgart aufgenommen worden. Die Elektrifizierung hatte Symbolwert: Das Land Baden-Württemberg war erst sechs Jahre alt, und die Trasse verband die früheren Hauptstädte von Baden und Württemberg miteinander. Seit es die 1991 fertiggestellte Schnellfahrstrecke Mannheim-Stuttgart gibt, machen die meisten Züge zwischen Karlsruhe und Stuttgart um Pforzheim einen Bogen. Dort dominiert der Regionalverkehr, auch in Gestalt der Karlsruher Stadtbahn.

Die Hauptfront des Stuttgarter Hauptbahnhofs im Jahr 2010

STUTTGART Hauptbahnhof

Seit Langem gelten Kopfbahnhöfe in den Augen vieler Bahnexperten als „Teufelswerk". Tatsächlich stellten sie früher, als nahezu der gesamte Bahnverkehr mit lokbespannten Zügen abgewickelt wurde, ein Hindernis dar. Doch inzwischen wird der Personenverkehr von Triebwagenzügen und von Wendezügen mit Steuerwagen beherrscht, die schnell und problemlos die Richtung, in die sie fahren, wechseln können. Reibungslos und in kurzem Takt wird das angeblich so aufwendige „Kopfmachen" daher auch seit vielen Jahren auf diversen S-Bahn-Linien praktiziert, sei es in Hamburg-Blankenese, in Bremen-Vegesack oder im Münchner Ostbahnhof. In Letzterem soll der Fahrtrichtungswechsel daher auch nicht aufgegeben werden, wenn die zweite Stammstrecke der Münchner S-Bahn fertig sein wird. Und in Leipzig wird der mit ähnlich großem Aufwand gebaute Citytunnel nur von der regionalbahnähnlichen S-Bahn genutzt. Der Fernverkehr macht weiter im Hauptbahnhof Kopf.

Doch nichts kann die Verteufelung dieser Stationsform erschüttern. Das muss man wissen, wenn man rätselt, weshalb der Stuttgarter Hauptbahnhof um buchstäblich jeden Preis in eine Durchgangsstation umgebaut werden musste. Wobei es besonders originell ist, dass die Befürworter des seit den 1990er-Jahren betriebenen, heftig umstrittenen Projekts „Stuttgart 21" auch auf die unzureichende Kapazität der bisherigen Anlage verweisen: 16 Kopfgleise seien nämlich weniger leistungsfähig als acht Durchgangsgleise (die, nebenbei bemerkt, an den Bahnsteigen in einer erheblichen Neigung liegen werden). Genau diese Zahl steht im Hamburger Hauptbahnhof dem Fern- und Regionalverkehr zur Verfügung. Im Kölner Hauptbahnhof sind es sogar neun Bahnsteiggleise. Damit gelten beide Stationen als notorische Engpässe im deutschen Bahnnetz, die den Betrieb behindern und die notwendige Steigerung des Verkehrs unmöglich machen.

Bei „Stuttgart 21" spielte allerdings auch eine Rolle, dass die Bahn ja vielerorts großflächig ihre Güter-, Rangier- und Abstellbahnhöfe aufgibt und die Areale für eine Neubebauung verkauft. Zugleich können die jeweiligen Lokalpolitiker mit dementsprechenden Stadtentwicklungsprojekten

Der alte Stuttgarter Centralbahnhof. Holzstich, um 1868

prunken. Nicht zuletzt deshalb wurde das Stuttgarter Vorhaben, zu dem auch eine über 15 Kilometer lange Tunnelstrecke unter der Stadt gehört, wieder aus der Schublade geholt. Zwischenzeitlich war es nämlich schon einmal beerdigt worden – aus Kostengründen. Mittlerweile hat es sich, wie bei solchen Großprojekten üblich, stark verteuert: 2016 schätzte der Bundesrechnungshof die Gesamtkosten bereits auf rund zehn Milliarden Euro, rund viermal so viel wie 1995 kalkuliert. Der ursprünglich vorgesehene Fertigstellungstermin 2019 ist auf 2025 verschoben worden.

„Stuttgart 21" war auch für all jene eine Lektion, die geglaubt hatten, ein solcher Frevel wie der 1974 erfolgte Abriss des großen, traditionsreichen und stadtbildprägenden Bahnhofs Hamburg-Altona wäre inzwischen nicht mehr möglich: 2010 und 2012 erfolgte der Abbruch der 83 bzw. 200 Meter langen Seitenflügel des Stuttgarter Hauptbahnhofs für den Bau der von Christoph Ingenhoven entworfenen unterirdischen Bahnsteighalle, die quer zu der bisherigen Anlage verläuft. Das Empfangsgebäude verlor damit wichtige Elemente seiner Gestaltung und den größten Teil seiner Fassaden. Diese Verstümmelung traf einen Bau, der seit Jahrzehnten zu den architekturhistorisch bedeutendsten großen Bahnhöfen in Deutschland gerechnet wird: Was 1914–28 nach Plänen von Paul Bonatz und Friedrich Eugen Scholer entstand und ab 1922 schrittweise in Betrieb genommen wurde, gilt als ein Hauptwerk Bonatz' und der von ihm mitbegründeten „Stuttgarter Schule". Eher traditionalistisch orientiert, war sie seinerzeit eine wichtige Gegenposition zur modernen, funktionalistischen Architektur, wie sie etwa das Bauhaus vertrat.

Der erste Stuttgarter Bahnhof war 1846 an der heutigen Bolzstraße eröffnet worden. 1863–68 wurde er durch einen Neubau an derselben Stelle ersetzt, der mit acht nun doppelt so viele Kopfgleise besaß wie bisher. Teile seiner Neorenaissancefassade zieren heute den Kino- und Veranstaltungskomplex „Metropol".

Ansicht des Hauptbahnhofs auf einer Postkarte von 1927

Blick in die Empfangshalle, 2018

Der heutige Hauptbahnhof entstand rund 500 Meter weiter nordöstlich, also hinter der alten Station, auf abschüssigem Gelände. Fast 20 Jahre vergingen von dem 1910 ausgelobten Architekturwettbewerb bis zur Fertigstellung. In dem Maße, wie sich in dieser Zeit die Gesellschaft, der Zeitgeist und der vorherrschende Geschmack wandelten, wurde auch die Gestaltung des Empfangsgebäudes verändert und vor allem vereinfacht. Am Ende entstand ein Bau, der mit seinen unterschiedlich großen und teils asymmetrisch ineinander verschachtelten kubischen Baukörpern, den flachen (oder flach geneigten) Dächern und der sparsamen Verwendung von Dekor einerseits sehr modern wirkt. Andere wiederum sehen in ihm wegen seiner Strenge und Monumentalität, der langen Pfeilerhalle und der Verkleidung aus grob behauenen Muschelkalkquadern weniger einen Vorläufer der Neuen Sachlichkeit als vielmehr der offiziellen NS-Architektur. Zusammengehalten wird dies alles natürlich von Stahl und Beton, die man im Inneren mit Tuff, Sand- und Backstein verblendete.

Anders als zunächst vorgesehen, wurden die Bahnsteige nicht von einer dreischiffigen Halle geschützt, sondern nur durch eine flache Dachkonstruktion mit Rauchschlitzen über den Gleisen. Nachdem es zunächst häufig gelungen war, die alliierten Bomber auf eine in Lauffen am Neckar errichtete Scheinanlage abzulenken, mussten die Bahnsteig- und die Hausdächer nach dem Zweiten Weltkrieg neu gebaut werden.

Nicht zuletzt der 56 Meter hohe Turm mit Aussichtsterrasse, auf dem sich seit 1952 ein Mercedes-Stern dreht, machte den Stuttgarter Hauptbahnhof zu einem Wahrzeichen. 1987 wurde er unter Denkmalschutz gestellt. Dass man ihm die Seitenflügel amputierte, segnete das Landgericht dennoch ab, da sie den Juristen als nicht so wichtig erschienen.

Im Zuge von „Stuttgart 21" wird das Empfangsgebäude umfassend umgebaut und aufgestockt. Bis 2025 sollen unter anderem ein Hotel und ein Einkaufszentrum entstehen.

Blick auf den Augsburger Hauptbahnhof. Die Arbeiten an einem neuen Bahnsteigtunnel mit darunterliegender Straßenbahnhaltestelle sind im Gange.

AUGSBURG Hauptbahnhof

Bayerns zweite Bahnstrecke entstand 1838–40 zwischen der Landeshauptstadt München und Augsburg. Es war zugleich die erste Fernei-senbahn in Bayern, denn die erste mit Lokomotiven betriebene deutsche Eisenbahn überhaupt, die 1835 eröffnet worden war, verband miteinander nur die Nachbarstädte Nürnberg und Fürth.

Mindestens ebenso wichtig wie die Verbindung nach München war die 1843–54 gebaute, 566 Kilometer lange Ludwigs-Süd-Nord-Bahn, die von Lindau bis Hof durch das ganze Königreich führte, und dies nicht etwa über München, sondern eben über Augsburg. Der dortige Bahnhof am Roten Tor wurde im Zusammenhang mit dieser neuen Strecke aufgegeben. Heute sind seine Gebäudereste an der Baumgartnerstraße integriert in den letzten Betriebshof, den die Augsburger Straßenbahn betreibt.

Der heutige Hauptbahnhof wurde 1845 eröffnet, das Empfangsgebäude im Sommer 1846 eingeweiht. Damit ist es inzwischen das älteste noch in Betrieb befindliche einer deutschen Großstadt. Sein jetziges Aussehen erhielt es vor allem um 1870 durch Friedrich Bürklein. Um 1850 durch den Neubau des Fürther Rathauses und des Münchner Hauptbahnhofs bekannt geworden, war er bald zu einem der bedeutendsten bayerischen Baubeamten aufgestiegen, nach dessen Plänen neben weiteren Bahnhöfen auch das Münchner Maximilianeum entstand. Bürklein vereinheitlichte das Augsburger Empfangsgebäude, das ursprünglich von Eduard Rüber geschaffen, aber schon mehrfach erweitert worden war, im Stil des Spätklassizismus. Zur 2000-Jahr-Feier der Stadt 1985 wurden die reich verzierten gusseisernen Säulen, die das Vordach stützen und nach dem Zweiten Weltkrieg durch schlichtere Exemplare ersetzt worden waren, ebenso rekonstruiert wie der Dachreiter. Keine Wiederherstellung erfuhren die zweifarbigen Klinkerfassaden, die man in der Nazizeit verputzt hatte.

Während das Äußere unverändert blieb, folgten im Inneren weitere Renovierungen, Um- und Ausbauten. Bis Mitte der 2020er-Jahre entsteht ein neuer Bahnsteigtunnel und unter ihm eine Haltestelle der Straßenbahn.

Gleisverlauf und Gebäude des Münchner Hauptbahnhof, 2019

MÜNCHEN Hauptbahnhof

Wenn zwei sich streiten – wird der Dritte leicht übersehen. Nach 1990 brach ein heftiger Streit darüber los, welche Stadt den größten Bahnhof im nun wiedervereinigten Deutschland besäße: Leipzig oder Frankfurt am Main? Verbissen wurden die Zahlen der Fahrgäste und der Zugbewegungen, der Fläche und insbesondere der Bahnsteiggleise einander gegenübergestellt. Im Eifer völlig übersehen wurde, dass zumindest beim letztgenannten Kriterium eine Station die beiden Kontrahenten übertrifft: der Münchner Hauptbahnhof. Seine Haupthalle beherbergt nicht weniger als 16 Bahnsteiggleise. Hinzu kommen zehn im Starnberger und sechs im Holzkirchner Flügelbahnhof, was 32 oberirdische ergibt. Und eigentlich kann man auch noch zwei unterirdische S- sowie sechs U-Bahn-Gleise hinzurechnen.

Dass der Münchner Hauptbahnhof nicht so berühmt ist wie seine „Kollegen" in Leipzig und Frankfurt am Main, Köln, Stuttgart oder auch Berlin, mag daran liegen, dass ihn selbst viele Münchner nicht allzu hoch schätzen: Er wird eher als Gebrauchsgegenstand betrachtet, nicht als besondere Sehenswürdigkeit, Wahrzeichen oder Identifikationsobjekt für die Stadt. Dabei haben Experten sogar errechnet, dass weltweit nur New Yorks Grand Central Terminal mehr Bahnsteiggleise besitzt. Die Geringschätzung dürfte mit der baulichen Erscheinung zu tun haben (und damit auch zeigen, wie wichtig Architektur sein kann): Anders als in den meisten deutschen Städten wurde die alte Bahnsteighalle nach dem Zweiten Weltkrieg nicht wiederhergestellt. München bekam etwas Neues (was für sich schon in Deutschland eine Ausnahme darstellt, nur die Hauptbahnhöfe von Düsseldorf und Chemnitz können da heranreichen): Die gewaltige Halle, die bis 1960 entstand, ist 140 Meter breit und 220 Meter lang. Über dem Querbahnsteig sieht sie etwas anders aus als über den Gleisen und

Der Bau des neuen „Centralbahnhofs" 1877/78

Die Gleisseite des „Centralbahnhofs", zwischen 1894 und 1900

Das Empfangsgebäude des Hauptbahnhofs, um 1960

Abbruch des Empfangsgebäudes im Herbst 2019

ist vier- statt nur zweischiffig ausgelegt. Dieser Teil wurde schon 1950 errichtet, dann hatte man den Bau aus Geldnot unterbrechen müssen.

So errichtete man die Halle in der bautechnisch und ökonomisch naheliegendsten Form, also nicht mehr mit großen Bögen, die immer ein wenig monumental und theatralisch wirken, sondern in einem annähernd rechteckigen Querschnitt. Diese sachliche, schlichte Form entsprach auch dem Zeitgeist der ersten Jahrzehnte nach dem Zweiten Weltkrieg. Außerdem hatte man damals nicht viel Sinn für historische Gebäude. Also blieb auch vom alten Münchner Hauptbahnhof nur wenig übrig. Dessen Wurzeln lagen im Jahr 1839, als der erste Abschnitt der Strecke nach Augsburg in Betrieb ging, nur vier Jahre, nachdem zwischen Nürnberg und Fürth die erste von Lokomotiven gezogene Eisenbahn Deutschlands eröffnet worden war.

Aus Kostengründen entstand in München lediglich ein provisorischer Bau, dort, wo heute die Hackerbrücke das Bahngelände überspannt. Dieser Platz lag damals noch weit vor der Stadt – zu weit, wie viele fanden. König Ludwig I. persönlich nahm sich des Problems an, zumal der Bahnhof der Landeshauptstadt ein angemessenes Erscheinungsbild erhalten sollte. Die 1844 erfolgte Verstaatlichung der München-Augsburger Eisenbahn-Gesellschaft vereinfachte die Sache. Während über einen Standort für den Neubau gestritten wurde, brannte die alte Anlage im Frühjahr 1847 zum Teil ab. Zum Glück gingen Planung und Bau damals erheblich schneller als heute: Bereits im Herbst desselben Jahres wurde der Bahnhof an der heutigen Stelle eröffnet. Die fünfgleisige Bahnsteighalle, 110 Meter lang, 29 Meter breit und 20 Meter hoch, ging allerdings erst 1848 in Betrieb, das Empfangsgebäude 1849.

Eigentlich war Friedrich von Gärtner, einer der beiden Stammarchitekten Ludwigs I., mit der Bahnhofsplanung betraut worden. Nachdem er im April 1847 gestorben war, kam sein Schüler Friedrich Bürklein zum Zuge, der neben weiteren Bahnhöfen etwa die Münchner Maximilianstraße schuf. Er entwarf ein Gebäude aus gelben und roten Backsteinen im von der Romanik und der italienischen Renaissance inspirierten Rundbogenstil. Das Äußere des Bahnhofs erinnerte an eine Basilika, also eine frühchristliche Kirche.

Bald war der Neubau zu klein, zumal immer mehr Bahnstrecken von und nach München gebaut wurden. 1858 eröffnete gleich nördlich der bestehenden eine weitere Station. Im Süden kam ein Postbahnhof hinzu. Bürklein integrierte diese Anlagen in die vorhandene, indem er deren Fassade im bisherigen Stil erweiterte. So erreichte diese eine Ausdehnung von 192 Metern.

Nach Bürkleins Tod 1872 setzte Jakob Graff die weitere, mit Bürklein bereits begonnene Ausbauplanung fort: Die Bahnsteighalle wurde auf die halbe Länge reduziert und zur Empfangshalle umfunktioniert. Dahinter fügte er eine große Querbahnsteighalle mit Wartesälen und Gastronomie an. An beiden Enden wurde sie mit Längsbauten abgeschlossen. Über den nun 16 Gleisen entstand in Zusammenarbeit mit dem Ingenieur Heinrich Gottfried Gerber eine vierschiffige Halle, 140 Meter breit, bis zu 24 Meter hoch und 150 Meter lang. 1884 fertiggestellt, musste dieser „Centralbahnhof" schon 1893 um den sechsgleisigen Starnberger Flügelbahnhof erweitert werden, in dem man den Nahverkehr konzentrierte.

Immer wieder gab es Vorschläge, den Hauptbahnhof, wie er ab 1904 genannt wurde, zu verlegen, nicht zuletzt um die Kopf- durch eine Durchgangsstation zu ersetzen. Stattdessen wurden 1914–21 der Starnberger Flügelbahnhof erweitert und im Süden der zehngleisige Holzkirchner Flügelbahnhof hinzugefügt.

Die Nazis hatten auch für die Umgestaltung Münchens große Pläne, zumal ihre Partei hier gegründet worden war. Unter anderem sollte auf der Höhe der Friedenheimer Brücke ein neuer, natürlich riesiger Hauptbahnhof entstehen. Das freiwerdende Bahngelände in der Innenstadt wollte man vor allem für eine vom Stachus ausgehende überbreite Prachtstraße verwenden.

Auch in München erfolgte die Umgestaltung der Stadt dann durch die alliierten Bomber. Mitte 1949 wurde die beschädigte Bahnsteighalle abgerissen, da sie als einsturzgefährdet galt. Ebenso verschwanden große Teile des Empfangsgebäudes ohne Rücksicht auf ihren Denkmalwert. Der eigentliche Wiederaufbau begann 1950 mit dem neuen Empfangsgebäude des Starnberger Flügelbahnhofs

Der Bahnhofsvorplatz mit Straßenbahnen und Pferdekutschen

durch Heinrich Gerbl. Bei seiner Gestaltung der Fassade fühlten sich viele Zeitgenossen allerdings an die offizielle NS-Architektur erinnert.

Mit der Inbetriebnahme der Münchner S-Bahn und ihrer „Stammstrecke", also dem Innenstadttunnel, im Jahr 1972 verloren die Flügelbahnhöfe an Bedeutung. Mehr noch als den Starnberger betraf dies den Holzkirchner, von dessen Empfangsgebäude nur ein Rest den Krieg überdauert hatte. Welche überkommenen Bauteile am Hauptbahnhof Wiederverwendung fanden, war von der Straße aus nicht zu erkennen. Eine Ausnahme bildeten die Längsbauten der Querbahnsteighalle, die man vereinfacht wiederherstellte. Zum Bahnhofplatz hin entstand 1955–60 ein neues Haus mit moderner, 174 Meter langer, fünfstöckiger Rasterfassade aus Leichtmetall und Glas. Den Haupteingang markierten eine asymmetrisch angeordnete Uhr und ein Vordach aus Beton, das seiner zeittypischen, „organisch" geschwungenen Form wegen den Spitznamen „Schwammerl" (hochdeutsch: Pilz) bekam.

Mit all dem hatte München ab 1960 einen großen, funktionalen Hauptbahnhof, dessen Gestaltung dem damaligen Zeitgeschmack entsprach. Allerdings änderte sich dieser. Spätestens ab den 1980er-Jahren galt das, was einmal modern und schick war, als schäbig, billig, eigentlich unter der Würde einer so bedeutenden und allem Schönen verpflichteten Stadt wie München. Allem voran die Hauptfront am Bahnhofplatz wurde als „langweilige Beamtenarchitektur" verspottet. Erste Hoffnung bei den Gegnern des Nachkriegs-Hauptbahnhofs keimte auf, als die Bahn in den 1990er-Jahren ihre „21er-Projekte" vorstellte. Wie in Stuttgart sollte auch in München der Kopf- durch einen Durchgangsbahnhof ersetzt werden. Wegen des unmittelbar anschließenden Fernbahntunnels unter dem Stadtzentrum hindurch hätten die Züge fortan in mehreren Dutzend Metern Tiefe halten müssen, an die Stelle der Bahnsteighalle wäre eine Art großes überdachtes Loch getreten. Das Projekt scheiterte jedoch unter anderem an den enormen Kosten für

Die Bahnhofshalle im Jahr 2018

den Bau des Tunnels, auch wenn dieser bedeutend kürzer ausgefallen wäre als in Stuttgart.

Als eine Art Minimallösung entschied man sich nach langen Debatten 2015 schließlich für den Bau eines zweiten S-Bahn-Tunnels zwischen Haupt- und Ostbahnhof. Bereits am Hauptbahnhof muss er in großer Tiefe angelegt werden, da sich nördlich der Station die unterirdische Bahnsteighalle der alten „Stammstrecke" befindet, südlich ein 1984 eröffneter U-Bahnhof und östlich, unter dem Bahnhofplatz, ein weiterer, der 1980 in Betrieb ging. Für den Abriss des Hauptbahnhofs, der 2019 begann, war dieses Projekt ein willkommener Anlass: Die neue Bahnsteighalle in gut 40 Metern Tiefe muss leider, leider genau dort, wo sich bisher die Empfangshalle befand, entstehen – und zwar in offener Bauweise. Dabei geht es auch darum, mehr Gewerbefläche zu schaffen, weshalb beim neuen, vom Büro Auer Weber entworfenen Empfangsgebäude auf zwei vollverglaste „Basisbauten" mit fünf Geschossen noch zwei weitere gesetzt werden, die weit auskragen und die darunterliegenden optisch niederdrücken.

Über dem Starnberger Flügelbahnhof, an dem Fassaden im Stil der Warenhausbauten der 1960er- und 1970er-Jahre das Stadtbild aufwerten sollen, entsteht ein 69 Meter hoher Turm, der noch mehr lukrativ verwertbare Fläche bietet. Im Marketingdeutsch heißt das, der Flügelbahnhof (in dem sich bisher etwa das Kinder- und Jugendmuseum München befindet) werde „zu neuem Leben erweckt". Auch hier müsse die bestehende Anlage dafür leider „rückgebaut", also abgerissen werden. Denkmalschutz hin, Denkmalschutz her.

So findet beim Münchner Hauptbahnhof ein kompletter Kahlschlag statt, ungeachtet dessen, wie viel historische Substanz und welche Zeitzeugnisse noch vorhanden waren. Erhalten bleiben soll nur die Bahnsteighalle. Größere Teile des Bahngeländes sind bereits aufgegeben und bebaut worden. Der neue Tunnel soll 2028 fertig sein, das neue Bahnhofsgebäude etwas früher.

Der Bahnhof Oberstdorf, der südlichste Deutschlands, von der Straßenseite

OBERSTDORF

Keine 10 000 Einwohner hat Oberstdorf, aber einen Kopfbahnhof mit immerhin fünf Bahnsteiggleisen, Intercity-Verkehr und vor allem einem Empfangsgebäude, das man so an dieser Stelle nicht erwarten würde. Schließlich gelten die architektonischen Ambitionen der Deutschen Bahn vor allem Großstadtstationen, die sich zu Einkaufszentren umbauen lassen. Dorf- und Kleinstadtbahnhöfe werden eher vernachlässigt, verkauft oder abgerissen.

Ganz anders in dem Kurort im Oberallgäu, der insbesondere durch Wintersport bekannt ist und dessen Bahnhof 1888 als Endpunkt einer Verlängerung der 15 Jahre älteren Bahnstrecke Immenstadt-Sonthofen in Betrieb ging. Das ursprüngliche Empfangsgebäude wurde im Zweiten Weltkrieg zerstört, 1963 entstand nach Plänen der Bundesbahndirektion München ein neues, das auch schon auffiel, und zwar durch eine überdachte Terrasse mit Panoramablick auf die Alpen und Infrarotheizung unter der Decke.

Keine 40 Jahre später verschwand auch dieser Bau. 2001 wurde das heutige Gebäude fertiggestellt, das wegen seiner Architektur viel Beachtung fand. Ungewöhnlich für ein so modernes Haus ist vor allem die sichtbare großflächige Verwendung von Holz: an der Fassade des ansonsten verglasten Baukörpers, am danebengestellten Uhrturm und natürlich bei dem weit auskragenden Dach, das zu zwei Seiten hin in leichtem Schwung ansteigt und auch im Gebäudeinneren als Holzkonstruktion in Erscheinung tritt. Bewusst wählten die Architekten, das Büro Rhode, Kellermann, Wawrowsky und Angela Rißler, Lärchenholz, dessen üblicher Alterungsprozess den naturverbundenen Eindruck des Gebäudes unterstreicht und einen reizvollen Kontrast zu den großen Glasflächen und der insgesamt sachlich-schlichten Gestaltung bietet, in der es fast nur gerade Linien und rechte Winkel gibt. So wirkt das Empfangsgebäude einerseits rustikal und lebendig, andererseits leicht, transparent und zeitlos modern. Schon mehrfach wurden dieser südlichste Bahnhof der Bundesrepublik und seine Architektur ausgezeichnet.

Der Lindauer Hauptbahnhof mit Bootsanlegern

LINDAU Hauptbahnhof

Wie wichtig die Eisenbahn einmal war, kann man an kaum einem Ort in Deutschland besser erkennen als in Lindau: Ein bemerkenswert großer Teil der nur 65 Hektar kleinen Stadtinsel im Bodensee wird vom Bahnhof und seinen Folgeeinrichtungen eingenommen.

Er war Ausgangspunkt der Ludwig-Süd-Nord-Eisenbahn, die 1843–54 durch ganz Bayern gebaut wurde, bis nach Hof an der nördlichen Grenze des Königreichs. Für dessen Entwicklung war diese Strecke von noch weit größerer Bedeutung, als man es von einer das gesamte Land durchziehenden Bahn ohnehin erwarten würde: Zwar hatte in Bayern 1835 mit der Verbindung zwischen Nürnberg und Fürth die deutsche Eisenbahngeschichte begonnen. Doch im Laufe des folgenden Jahrzehnts stagnierte die Entwicklung. Bis auf die Strecke zwischen Augsburg und München scheiterten alle weiteren privaten Bahnprojekte in Bayern. Derweil drohte Konkurrenz im Westen: Das benachbarte Königreich Württemberg plante eine Eisenbahn zum Bodensee, die dann auch bereits 1847 Friedrichshafen erreichte. Verbunden mit der vorgesehenen Strecke zwischen Frankfurt am Main und Berlin hätte dies dazu führen können, dass der Nord-Süd-Verkehr um Bayern herumgeleitet worden wäre. In dieser Situation entschloss sich der bayerische Staat, erstmals selbst eine Bahn zu bauen, benannt nach dem damaligen König Ludwig I.: von Hof (wo Anschluss nach Leipzig und von dort nach Dresden und Berlin bestand) über Bamberg, Nürnberg und Augsburg bis eben nach Lindau.

Lindau war besonders wichtig: Hier wollte sich Bayern seinen Anteil an der Bodenseeschifffahrt sichern, auch in Konkurrenz zum Königreich Württemberg und dem noch weiter westlich gelegenen Großherzogtum Baden. Hierzu wurde die Verbindung zwischen Schiene und Schiff möglichst bequem und leistungsfähig gestaltet: Man errichtete einen rund 500 Meter

Ein Zug rollt 1957 über den Bodenseedamm in den Lindauer Hauptbahnhof ein.

langen, sturmflutsicheren Damm zur Lindauer Stadtinsel und dort am Ende der Gleise einen neuen Hafen mit den berühmten Molen mit dem bayerischen Löwen und dem Leuchtturm als seeseitige Einfahrt.

Natürlich entstanden auch umfangreiche Anlagen zum Umladen von Gütern und später zum direkten Überführen von Eisenbahnwagen auf Fähren (in der Fachsprache „Trajekt"). Bayern erhielt so eine direkte Verbindung zur Schweiz, ohne einen Drittstaat passieren zu müssen.

Als die Ludwig-Süd-Nord-Bahn mit dem 1854 eröffneten Abschnitt zwischen Aeschach und Lindau vollendet wurde, bekam sie auf der Insel bereits einen Rangierbahnhof und große Werkstätten.

Das Kalkül ging auf: Die Bahn bescherte der damaligen Handelsstadt eine neue Blüte. 1913–21 erhielt der Lindauer Hauptbahnhof sein heutiges Empfangsgebäude im Stil der Neorenaissance. Doch ihre Funktion als Verknüpfungspunkt mit dem Schiffsverkehr hatte die Station schon im weiteren Verlauf des 19. Jahrhunderts durch die Eröffnung um den Bodensee herumführender Bahnstrecken verloren. Der letzte Trajektverkehr, jener mit dem schweizerischen Romanshorn, wurde 1939 eingestellt. Inzwischen hat der Lindauer Hafen seine Bedeutung für den Güter- und Fernreiseverkehr vollständig eingebüßt. Eine große Rolle spielt er aber noch immer für den Tourismus. Um diesen anzukurbeln, gibt es eigentlich kaum eine bessere Reklame als eine Bahnfahrt über Lindau: Noch immer machen auch die Züge zwischen Zürich und München in Lindau Hauptbahnhof Kopf, fahren also auf die Insel und „rückwärts" wieder von ihr herunter. Auch durch die Wagenfenster kann man einen spektakulären Panoramablick über den Bodensee genießen.

Doch in den Augen von Verkehrsplanern sind Kopfbahnhöfe bekanntlich ein Unding. So argumentierte die Deutsche Bahn AG damit, ein Hindernis für einen schnellen und reibungslosen Zugverkehr beseitigen zu wollen, als sie 1997 ihr Projekt „Lindau 21" vorstellte: den Bau eines neuen Durchgangsbahnhofs auf dem Festland. Dieser wiederum wäre nur finanzierbar, wenn sich die Bahn von der Insel vollständig

Nordansicht des Bahnhofs, 1988

Die Insel Lindau mit dem Bodenseedamm und dem Hauptbahnhof

zurückzöge, wie es ähnlich schon einmal Anfang des 20. Jahrhunderts diskutiert worden war. Hier lässt sich ein bekanntes Muster erkennen: Mit dem Argument, die Stadtentwicklung zu fördern, neue Gewerbe- und Wohnflächen im Stadtkern zur Verfügung zu stellen, hat die Deutsche Bahn seit den 1990er-Jahren vielerorts große Areale aufgegeben. Eine Rolle spielte dabei auch das eine Zeit lang verfolgte Vorhaben, das Unternehmen ganz oder teilweise an private Hände zu verkaufen. Um einen höheren Preis zu erzielen, sollte die Deutsche Bahn AG so lukrativ wie möglich erscheinen. Im Falle Lindaus wurde auch argumentiert, die Bahnanlagen trennten die „hintere" Insel ab, ein ehemaliges Kasernengelände am Westrand Lindaus, das lange brachlag und sich ohne diese Barriere doch prächtig entwickeln könnte. Inzwischen ist es umgestaltet worden: Zum großen Teil wird es als Parkplatz genutzt. Nicht zuletzt, weil sich nach einem Verlust der Schienenanbindung noch mehr Autoverkehr in die enge, mittelalterlich geprägte Altstadt ergießen könnte, entwickelte sich gegen „Lindau 21" heftiger Widerstand. Er beherrschte auch die kommunalen Gremien.

Nach langem Streit fand man einen Kompromiss: Auf dem Festland, an der Stelle des einstigen Güterbahnhofs Lindau-Reutin, entsteht der neue Durchgangsbahnhof, damit die Fernzüge künftig an der Insel vorbeirauschen können. Auf der Insel werden die Bahnanlagen deutlich verkleinert: im Wesentlichen auf die dann nur noch sechs Bahnsteiggleise und ihre Verbindung zum Festland. Auch namensmäßig soll der Hauptbahnhof, der in Zukunft lediglich dem Regionalverkehr dient, degradiert werden zur Station „Lindau Insel". Auf diese Weise kann die Bahn AG zwölf Hektar in Reutin und fünf Hektar auf der Insel „freimachen", also verkaufen. Dazu zählen auch die Flächen an der Südspitze der Insel. So wird zwar auch künftig das Empfangsgebäude direkt am Hafen stehen. Die Gleise werden aber nicht mehr bis ans Ufer reichen, sodass die Verbindung zwischen diesen beiden Transportwegen, die einst wesentlich war, nicht mehr erkennbar sein wird.

Das Festspielhaus im ehemaligen Baden-Badener Bahnhof zählt zu den größten seiner Art in Europa.

BADEN-BADEN (alter Bahnhof)

Schon die Römer nutzten die Thermalquellen, später wurde die Stadt Namensgeber für das ganze Land, obwohl sie ihre Funktion als Residenz verlor, nachdem sie 1689 im Pfälzischen Erbfolgekrieg von den Franzosen niedergebrannt worden war.

Erst im frühen 19. Jahrhundert stieg Baden-Baden, das diesen Doppelnamen offiziell seit 1931 trägt, zur mondänen Kurstadt auf. Bald galt es wegen der vielen „hohen Herrschaften" und anderer Gutbetuchter und Prominenter, die sich hier in den heißen Monaten des Jahres erholten, als „Sommerhauptstadt Europas".

Selbstverständlich musste ein so wichtiger Ort Anschluss an das damals modernste Verkehrsmittel erhalten. Zwar ging man nicht so weit, dass die 1838–55 zwischen Mannheim und Basel erbaute Badische Hauptbahn die Oberrheinische Tiefebene verlassen hätte, um einen Abstecher nach Baden-Baden zu machen. Aus topographischen Gründen hätte dies erhebliche Schwierigkeiten bereitet. Aber schon gut ein Jahr, nachdem 1844 der Verkehr bis zum damaligen Baden-Badener Vorort Oos eröffnet worden war, ging ein 4,3 Kilometer langer Abzweig in die Kurstadt in Betrieb. Diese Anbindung beruhte sogar auf einem Beschluss des badischen Landtags.

Auf der Stichstrecke, die keine Zwischenstation besaß, fand sowohl Fern- als auch Regional- und Nahverkehr statt, es gab durchgehende Züge aus und in die Metropolen ebenso wie Pendelverkehr vom und zum später so genannten Bahnhof Baden-Oos. Bis 1908 wurde sie zweigleisig ausgebaut und bis 1958 elektrifiziert.

Dass sie keine 20 Jahre später stillgelegt wurde, ging bemerkenswerterweise nicht nur auf das Konto der Bundesbahn, die damals meinte, sie könne sich aus ihrem immensen Defizit „heraussparen", und dafür eine Strecke nach der nächsten aufgab. Auch Baden-Badens Kommunalpolitikern war der Abzweig lästig, insbesondere wegen seiner zahlreichen Bahnübergänge. Längst war die Eisenbahn nicht mehr das modernste Verkehrsmittel, und dem Auto, das inzwischen als Symbol des Fortschritts galt, wurde ja viel geopfert. So eben auch die Schienenanbindung

Der Bahnhof auf einer Postkarte von 1904. Rechts der Eingang zum „Fürstenzimmer"

des Baden-Badener Zentrums, wo der öffentliche Personenverkehr seither nur noch aus Bussen besteht. Im September 1977 fuhr der letzte Zug zum Baden-Badener Kopfbahnhof.

Den Namen des nun so bezeichneten Alten Bahnhofs oder Alten Stadtbahnhofs übernahm die Station in Oos, das 1928 eingemeindet worden war. Die Gleisanlagen wurden praktisch vollständig abgebaut, auf der Trasse entstand zur Landesgartenschau 1981 die „Grüne Einfahrt", ein Fuß- und Radweg.

Die Karlsruher Stadtbahn, die durch Mitnutzung von Strecken der „großen" Bahn einen Großteil des nordwestlichen Baden-Württembergs erschließt, erreicht auch Baden-Baden. Pläne, sie über eine neue Trasse ins Zentrum der Stadt zu führen, scheitern seit Jahrzehnten an der Ablehnung der dortigen Politiker.

Immerhin schreckten diese davor zurück, den alten Bahnhof abzureißen, was in den 1970er-Jahren keineswegs selbstverständlich war. Neben einem sich allmählich wandelnden Zeitgeist dürfte das Empfangsgebäude vor allem die Tatsache gerettet haben, dass es den hohen Ansprüchen der einstigen Fahrgäste gemäß gestaltet worden war.

Diesbezüglich hatte man in Baden-Baden damals einiges nachzuholen: Zunächst war die Station nur mit einem relativ kleinen Fachwerkbau ausgestattet gewesen, der später erweitert worden war. Nach diversen Verzögerungen konnte erst 1895 ein repräsentativer Neubau eingeweiht werden: ein historistisches Prachtstück im Stil der Hochrenaissance mit ein wenig Barock. Ein Drittel der Baukosten soll allein die Sandsteinfassade verschlungen haben. Von Anfang an wurde das Haus elektrisch beleuchtet, was Ende des 19. Jahrhunderts noch außergewöhnlich war. Selbstverständlich umfasste das Raumprogramm auch ein „Fürstenzimmer" samt gesondertem Ein- und Ausgang für die „hohen Herrschaften" in einem pavillonartigen Anbau an der Westecke des Gebäudes.

Nach der Einstellung des Schienenverkehrs wurde der Bahnhof unter anderem als Automaten-

Neubau des Festspielhauses an der Rückseite des alten Bahnhofs

Im früheren Fahrkartenschalter ist die Kasse des Festspielhauses untergebracht.

spielhalle der Spielbank genutzt. Im Bereich der ehemaligen Bahnsteige entstand in eher provisorischer Bauweise eine Veranstaltungshalle, rundherum fand der Baden-Badener Flohmarkt statt.

Eine angemessenere Nutzung kam dem Empfangsgebäude, das die Zeiten gut überdauert hatte, erst zu, als hier (wieder) großes Theater veranstaltet wurde: Der Architekt Wilhelm Holzbauer – der sich immer mehr als Dienstleister denn als Künstler sah und beispielsweise auch den neuen Hauptbahnhof im österreichischen Linz schuf – integrierte es als Haupteingang in das von ihm errichtete Festspielhaus. So dient etwa die Schalterhalle heute als Kassenhalle. Angesichts seiner 2500 Plätze wird die 1998 eröffnete Bühne, die kein eigenes Ensemble besitzt, heute stolz als zweitgrößtes Konzert- und Opernhaus Europas (sowie größtes Deutschlands) bezeichnet.

Daneben gibt es in der Stadt noch das Theater, dessen großer Saal heute 500 Plätze fasst, sowie natürlich das Kurhaus mit seinen Veranstaltungsräumen. In diesem Zusammenhang muss daran erinnert werden, dass Baden-Baden bei aller Bedeutung für Kultur, Medien und Tourismus nur eine Kleinstadt mit rund 55 000 Einwohnern ist.

Für alle, die das Festspielhaus, seine Geschichte und seinen Betrieb näher kennenlernen wollen, werden Führungen mit verschiedenen Themenschwerpunkten angeboten.

Auf dem ehemaligen Bahngelände wurden außerdem eine Tiefgarage und eine nach Hector Berlioz benannte Grünanlage mit Teich angelegt sowie die Zufahrt und das Nordportal des Michaelstunnels. Durch ihn unterquert die Bundesstraße 500 seit 1989 den Baden-Badener Stadtkern. Mit 2544 Metern Länge zählt er zu den zehn längsten Straßentunneln Deutschlands.

Teile der Bahnsteigüberdachung wurden schon 1978 im nicht weit entfernten Bad Herrenalb wiederaufgebaut, wo sie alle drei Gleise beschirmen. Der dortige Bahnhof, Endpunkt der Albtalbahn, ist heute ausschließlich mit der Karlsruher Stadtbahnlinie S 1 zu erreichen.

Der Bahnhof Rolandseck und das Arp Museum vom Rhein aus gesehen

ROLANDSECK

Dass man ein Baudenkmal kulturell nutzt, wenn es seinem eigentlichen Zweck nicht mehr dienen kann oder soll, ist inzwischen üblich geworden. Eines der frühesten und viel beachteten Beispiele für die derartige Weiterverwendung eines Bahnhofs ist die Station Rolandseck.

1856 wurde die zwölf Jahre zuvor eröffnete Strecke zwischen Köln und Bonn hierher verlängert. Dabei ging es vor allem darum, Reisenden und Ausflüglern ein bequemes Umsteigen zur Rheinschifffahrt zu ermöglichen. Mit entsprechend großem Aufwand gestaltete Emil Hermann Hartwich, der als Oberingenieur den Bau der gesamten Trasse verantwortete, das Empfangsgebäude. Natürlich errichtete man es auf der dem Rhein zugewandten Seite der Gleise. Bis heute erreicht man nur wenige Meter weiter die Fähre nach Bad Honnef. Fertiggestellt wurde das Gebäude erst 1858, in dem Jahr, in dem bereits die Streckenverlängerung bis Koblenz in Betrieb ging. Dennoch ist die Liste seiner berühmten Gäste lang: Sie reicht von Queen Victoria und Kaiser Wilhelm II. über Otto von Bismarck, Ludwig Uhland, die Gebrüder Grimm und Friedrich Nietzsche bis zu Johannes Brahms, Clara Schumann, Franz Liszt oder Guillaume Apollinaire.

Zur Beliebtheit des Bahnhofs trug wesentlich seine Lage bei, die natürlich nicht von ungefähr gewählt worden war: am Nordende des Mittelrheintals, direkt neben dem Strom, mit Blick auf Siebengebirge und Drachenfels, im Rücken der sagenumwobene Rolandsbogen. Als dieser Fassadenrest der Burg Rolandseck 1839 eingestürzt war, hatte der Dichter Ferdinand Freiligrath, der damals gerade im gegenüber gelegenen Unkel lebte, einen Spendenaufruf zum Wiederaufbau dieses wichtigen Stücks der damals heftig grassierenden Rheinromantik gestartet. Schon nach kurzer Zeit war ausreichend Geld zusammengekommen.

Der schönen Aussicht wegen erhielt das Empfangsgebäude im Erdgeschoss eine umlaufende Veranda, die von einer fast ebenso ausgedehnten Terrasse überdacht wird. Da das Gelände zum Rhein hin abfällt, tritt auf dieser Seite außerdem der Gebäudesockel in Erscheinung. Er diente einst der Unterbringung von Wagen und Pferden.

Blick auf den Bahnhof, die Insel Nonnenwerth und das Siebengebirge. Postkarte, abgestempelt 1907

Nach dem Zweiten Weltkrieg war es nicht nur mit den großen Gesellschaften und rauschenden Festen im Bahnhof Rolandseck zunächst vorbei. Auch der Fremdenverkehr war für einige Zeit zum Erliegen gekommen, und die Rheinromantik galt manch einem nun als politisch anrüchig. Das Empfangsgebäude wurde nicht mehr bewirtschaftet und verfiel. 1958 beschloss die Bundesbahn, es abzureißen. Damit war man damals schnell bei der Hand, zumal der Zeitgeist für alte Bauten generell wenig übrighatte. Zum Glück verzögerte sich der Abriss, und der Retter kam in Gestalt des Galeristen und Kunstsammlers Johannes Wasmuth. Er hatte zunächst Kunstspenden eingeworben, um mit dem Erlös aus ihrer Versteigerung Kindergärten zu bauen. Später hatte er in Bad Godesberg eine Galerie eröffnet. Auf der Suche nach einem Ort für größere Veranstaltungen entdeckte er 1964 den nahe gelegenen Bahnhof Rolandseck, heute die erste Station südlich von Bonn, das inzwischen nicht nur Bad Godesberg eingemeindet hat. Wasmuth war damals noch ein junger Mann von Ende zwanzig, aber er verstand sich bereits gut auf den Umgang sowohl mit berühmten Künstlern als auch mit Politikern. Beides war dringend notwendig. Denn für die Sanierung, den Unterhalt und den Veranstaltungsbetrieb des Bahnhofs Rolandseck mit Konzerten, Lesungen und Ausstellungen fehlte in den ersten Jahren immer wieder das Geld, trotz spektakulärer Aktionen wie jener der später legendären Düsseldorfer Künstlergruppe ZERO: 1958 gegründet von Heinz Mack und Otto Piene, zu denen später auch Günther Uecker stieß, löste sie sich hier 1966 feierlich auf. Zuvor hatte man unter anderem einen Wagen mit in Flammen gesetztem Stroh vom Bahnhof in Richtung Rhein fahren lassen.

1969 veröffentlichte Marcel Marceau, der als „Bip" bekannte französische Pantomime, einen schwärmerischen Aufruf zur Unterstützung, und auch Helmut Kohl, damals Ministerpräsident von Rheinland-Pfalz, gehörte zu den vielen Prominenten, die sich für den „Künstlerbahnhof" einsetzten. Um seinen Betrieb langfristig zu sichern, gründete das Land Rheinland-Pfalz eine Stiftung und erwarb das Empfangsge-

Die Gleisseite des Bahnhofs Rolandseck

Die großzügige Veranda des Empfangsgebäudes

bäude 1972 von der Deutschen Bundesbahn. Wasmuth war schon früh mit dem deutsch-französischen Maler, Grafiker, Bildhauer und Lyriker Hans Arp in Kontakt getreten. Von dessen Witwe erhielt er schließlich einen Teil des Nachlasses des renommierten Künstlers. Zusammen mit dem amerikanischen Architekten Richard Meier, den er seit den 1970er-Jahren kannte, entwickelte der umtriebige Kunstvermittler Pläne für ein Arp-Museum. Zur Realisierung gelangte dieses jedoch erst, nachdem Wasmuth 1997 in Rolandseck gestorben und so auch das kulturelle Leben im Bahnhof vorläufig zum Erliegen gekommen war.

2001–04 wurde das Empfangsgebäude in den Zustand von 1906 zurückversetzt, dem frühesten, der vollständig rekonstruierbar war. Seither befindet sich der Zugang im Sockelgeschoss, das wie das Erdgeschoss auch Ausstellungsflächen beherbergt. Der erste Stock mit dem Festsaal wird gastronomisch genutzt.

2004–07 entstand dann oberhalb des Bahnhofs ein Museumsneubau nach Plänen von Richard Meier. Mit dem Empfangsgebäude ist es durch einen Tunnel verbunden. Beide zusammen bilden seit 2007 das „Arp Museum Bahnhof Rolandseck", das sich nicht nur Hans Arp und dessen erster Frau und Kollegin Sophie Taeuber-Arp widmet, sondern beispielsweise auch Malerei und Plastik zeitgenössischer Künstler zeigt. Außerdem präsentiert das Museum Teile der aufsehenerregenden Sammlung von Gustav Rau, die Gemälde vom Mittelalter bis zur Moderne umfasst, und weiterhin finden auch Konzerte, Lesungen und andere Veranstaltungen statt. Welches Ansehen der Bahnhof Rolandseck als Ort für Kultur nach wie vor besitzt, zeigt der Umstand, dass zur Eröffnung des Museums auch die Bundeskanzlerin kam.

Die Station selbst, die zur Gemeinde Remagen gehört, ist heute bahnbetrieblich nur noch ein Haltepunkt. An jedem der beiden Gleise befindet sich ein Seitenbahnsteig, aber nur eine einzige Regionalbahnlinie hält hier, einmal pro Stunde und Richtung. Immerhin verkehrt sie bis nach Köln und Mainz. Die vielen anderen Züge, die die linke Rheinstrecke befahren, rauschen ohne Stopp hindurch.

Blick über die Bahnsteighalle des Kölner Hauptbahnhofs

KÖLN Hauptbahnhof

Das Bemerkenswerteste am Kölner Hauptbahnhof ist seine Lage direkt neben dem Dom. Als an dieser Stelle 1857–59 der „Centralbahnhof" errichtet wurde, war die mittelalterliche Kathedrale, die im 16. Jahrhundert unvollendet liegen geblieben war, noch nicht fertig: 1842 hatte der offizielle Weiterbau begonnen, der erst 1880 vollendet wurde. Neben das Gotteshaus einen Bahnhof zu setzen war damals ebenso umstritten wie die Position der sich ihm südlich anschließenden Dombrücke: Nach der römischen Brücke aus dem vierten Jahrhundert, von der unklar ist, wie lange sie bestanden hat, war sie zwischen Basel und den Niederlanden die erste feste Rheinquerung. Ab 1855 begonnen, ging sie vier Jahre später mit dem Centralbahnhof in Betrieb. 1907–11 wurde sie durch die leistungsfähigere, über 400 Meter lange Hohenzollernbrücke ersetzt. Auch sie errichtete man genau in Verlängerung der Mittelachse des Doms. Die Bahn fährt daher von Osten über den an dieser Stelle sehr breiten Rhein direkt auf den Chor der Kathedrale zu, um fast im letzten Moment in Richtung Bahnhof abzubiegen.

Der Centralbahnhof verband endlich die fünf Strecken miteinander, die von Köln ausgingen (die erste war 1839 eröffnet worden) und von verschiedenen privaten Gesellschaften betrieben wurden. Genauer muss man sagen: von Köln und dem ihm gegenüber gelegenen Deutz, das erst 1888 eingemeindet wurde. In dieser rechtsrheinischen Stadt endeten bis 1859 die von Osten kommenden Züge. Schnell war der Centralbahnhof mit seinen vier Kopf- und zwei Durchgangsgleisen überlastet. Die Rheinische Eisenbahn-Gesellschaft hatte jedoch wenig Interesse an einem Ausbau, wäre dieser doch vor allem ihrer Konkurrenz zugutegekommen. Genau solche negativen Folgen des privaten Wettbewerbs waren ein Grund dafür, dass der

Außenansicht des Hauptbahnhofs. Postkarte, abgestempelt 1911

preußische Staat um 1880 verstärkt damit begann, alle Eisenbahn-Hauptstrecken zu erwerben. Nachdem dies mit den Köln berührenden Trassen geschehen war, wurde über die Errichtung eines großen Hauptbahnhofs nördlich der Venloer Straße diskutiert. Doch 1883 entschied sich die Stadt dafür, den Centralbahnhof durch einen Neubau an derselben Stelle zu ersetzen, die Gleise, die bisher ebenerdig durch die Stadt liefen, anzuheben, und im Westen und Süden zwei kleinere Personenbahnhöfe sowie eine Güterumgehungsbahn anzulegen.

1889 begannen die Arbeiten, 1892–94 entstand der Bahnhof. Johann Eduard Jacobsthals Gestaltung des 64 Meter breiten Mittelschiffs der 255 Meter langen Bahnsteighalle wurde deutlich durch jene der Londoner St Pancras Station inspiriert. Diese war einst die größte aus einem einzigen Bogen bestehende Halle der Welt gewesen.

Nach dem Abriss einer Häuserzeile stand nun eine moderne Kathedrale neben der mittelalterlichen. Allerdings überspannte die Halle nur acht Gleise, und davon waren lediglich vier Durchgangsgleise. In der Mitte des Raumes erhob sich ein schmuckes zweistöckiges Wartesaalgebäude, an welchem beiderseits je vier Kopfgleise endeten. Es stand keine 20 Jahre, dann machte man auch aus diesen Schienensträngen Durchgangsgleise. Denn bald schon erwies sich der neue Hauptbahnhof als zu klein. Er ist es bis heute: Zusammen mit der Hohenzollernbrücke, die als am stärksten befahrene Bahnbrücke Deutschlands gilt, bildet er einen Engpass im Bahnnetz. Dabei war noch vor dem Ersten Weltkrieg an der Nordseite ein neuntes Gleis angelegt worden. 1975 kamen nördlich der Halle für die S-Bahn die Gleise 10 und 11 hinzu. Noch zwei weitere hinzuzufügen, wie es inzwischen beschlossen ist, wurde schon damals baulich vorbereitet.

Drei Jahrzehnte zuvor war überhaupt nicht klar gewesen, ob der im Zweiten Weltkrieg schwer beschädigte Hauptbahnhof wiederaufgebaut werden sollte. Es gab ernsthafte Überlegungen, ihn auf das Gelände des bis 1990 betriebenen Güterbahnhofs Gereon zu verlegen (heute befindet sich dort der Mediapark). Erst

Der Haupteingang des noch kriegsbeschädigten Hauptbahnhofs, 1951

Der Kölner Hauptbahnhof vom Dom aus fotografiert

1953 begann der eigentliche Wiederaufbau. Zu ihm gehörte zwei Jahre später der Abriss des verhältnismäßig gut erhaltenen Empfangsgebäudes. Manche sehen darin einen Akt gegen das Erbe des von den Rheinländern ungeliebten Preußen. Doch mindestens ebenso groß dürfte der Wunsch gewesen sein, sich mit etwas Neuem zu präsentieren und das als veraltet Empfundene zu entsorgen. Schließlich wurden auch die Portale und Türme der Hohenzollernbrücke in jener Zeit abgebrochen. Das 1957 eingeweihte neue Empfangsgebäude besitzt allerdings einen unbestreitbaren Trumpf gegenüber seinem Vorgänger: Dank eines bogenförmigen weißen Dachs, einer Schalenkonstruktion aus Stahlbeton, die sich in Richtung Haupteingang emporschwingt, erblickt man durch die vollverglaste Fassade den Dom bereits, noch bevor man den Hauptbahnhof durch den Hauptausgang verlassen hat.

Abgesehen von der Empfangshalle ist im Inneren der Station von der Gestaltung der Nachkriegszeit nach diversen Umbauten und Modernisierungen nur wenig erhalten geblieben. Schon in den 1990er-Jahren hat die Bahn auch aus Kölns Hauptbahnhof ein Einkaufszentrum gemacht. Von den Räumlichkeiten der Vorkriegszeit haben nur die 1915 fertiggestellten Wartesäle unterhalb der Gleise, an Trankgasse und Johannisstraße, die Zeiten überdauert. Sie sind heute das Restaurant und Veranstaltungszentrum „Wartesaal am Dom", früher (nicht zuletzt durch diverse Fernsehsendungen) bekannt als „Alter Wartesaal".

Die Bahnsteighalle, deren Fortbestehen nach dem Zweiten Weltkrieg ernsthaft zur Diskussion gestanden hatte, wurde 1989–91 um eine bemerkenswerte Bahnsteigüberdachung in Richtung Hohenzollernbrücke ergänzt. Das Architekturbüro Busmann + Haberer, von dem auch das benachbarte Museum Ludwig stammt, löste dabei zusammen mit dem Ingenieur Stefan Polónyi geschickt den Umgang mit den sich nach Südosten hin stark verjüngenden Bahnsteigen. Heute verzichtet die Deutsche Bahn AG hingegen selbst bei großen Fernbahnhöfen auf die vollständige Überdachung der Bahnsteige, wie am eindrucksvollsten das Beispiel des neuen Berliner Hauptbahnhofs zeigt.

Der Haupteingang des Bochumer Hauptbahnhofs am Kurt-Schumacher-Platz

BOCHUM Hauptbahnhof

Als im Zentrum des Ruhrgebiets gelegene Stadt wurde Bochum im Zweiten Weltkrieg stark zerstört. Wie in Heidelberg oder Braunschweig nutzte man auch hier die Gelegenheit, den Hauptbahnhof zu verlegen. Allerdings wurde in Bochum nicht ein Kopf- durch einen Durchgangsbahnhof ersetzt, sondern die Station nur auf der bestehenden Strecke rund 600 Meter in Richtung Osten verschoben.

Bochum hatte erst 1860 Eisenbahnanschluss erhalten und damit erstaunlich spät, zumal angesichts der wirtschaftlichen Bedeutung, die die Gegend schon damals hatte. Allerdings war die Anbindung der Kohlebergwerke ebenso attraktiv wie die Topographie der Region abschreckend. Die Lage des Bahnhofs am südwestlichen Rand des historischen Stadtkerns war denn auch eher günstig für Stahlwerke und Zechen als für die Bochumer Bürger. Schon bald zeigte sich zudem, dass der zur Verfügung stehende Platz nicht mit dem wachsenden Verkehr Schritt halten konnte und der Grundriss der Bahnanlagen wenig zweckdienlich war. Das erst 1872 fertiggestellte Empfangsgebäude war städtebaulich nicht eingebunden, sein Vorplatz viel zu klein. Dennoch blieben bereits vor dem Ersten Weltkrieg gehegte Pläne, die später „Bochum Süd" und schließlich „Hauptbahnhof" genannte Station zu verlegen, zunächst unrealisiert.

Nach dem Zweiten Weltkrieg erfolgte die Verlegung dann im Zusammenhang mit einer Art des Wiederaufbaus, die auch in Bochum eine „moderne, autogerechte" Stadt schaffen wollte und wenig Rücksicht auf historische Strukturen nahm. Im Zuge dessen spielte die Verschiebung des Hauptbahnhofs in Richtung Innenstadt eine zentrale Rolle. Für die Wahl des neuen Standorts war allerdings auch ausschlaggebend, dass er genügend Platz für den öffentlichen Nahverkehr bot. Schon 1947 wurde festgelegt, wie man die Bochumer Bahnanlagen neu gestalten wollte. Zunächst einmal musste allerdings am alten Standort ein Provisorium geschaffen werden: Vom Empfangsgebäude war im Krieg wenig übrig geblieben, und im September 1949 fand in Bochum der Katholikentag statt. Also entstand ein kleiner Neubau, der bei aller zeitgemäßen Bescheidenheit mit seinem Natursteinportikus und der Oberlichtrotunde keineswegs primitiv wirkt, sondern deutlich

Der alte Bochumer Bahnhof Anfang des 20. Jahrhunderts

den Anspruch erhebt, ein Stück Baukunst zu sein. Bochum wollte auf die ankommenden Gäste einen guten Eindruck machen. Natürlich wurde die Anlage am heutigen Konrad-Adenauer-Platz nach dem Katholikentag bis zur Eröffnung des neuen Hauptbahnhofs 1957 weitergenutzt. Danach wandelte sich der „Katholikentagsbahnhof", wie die nicht offizielle, aber gebräuchliche Bezeichnung lautet, zu einer Schulungsstätte der Deutschen Bundesbahn. Nachdem die Schule Mitte der 1990er-Jahre ausgezogen war, stand das 2001 unter Denkmalschutz gestellte Gebäude leer und verfiel.

Die Rettung kam schließlich aufgrund seiner Nähe zur Kneipen- und Vergnügungsmeile „Bermudadreieck": Nachdem eine angrenzende Lagerhalle schon länger zur Diskothek umfunktioniert worden war, dient das alte Empfangsgebäude seit 2010 unter dem Namen „Rotunde" als Veranstaltungsort für Kultur- und andere Ereignisse.

Bereits seit 1994 unter Denkmalschutz steht das Empfangsgebäude des heutigen Hauptbahnhofs. Es war ab 1954 nach Plänen von Heinz Ruhl errichtet worden. Sein Entwurf entsprach dem sehr breiten, aber nicht besonders tiefen Grundstück am Rande des verbreiterten Bahndamms: Als südliche Wand des neu geschaffenen Bahnhofsplatzes sollte das Gebäude mehr durch seine Länge von 146 Metern wirken als durch seine Höhe (gerade einmal drei Obergeschosse) und sich so von den anderen Neubauten absetzen. Das gleichförmige Raster des Stahlbetonskeletts, das die Fassade prägt, erweckte einen ebenso sachlichen wie leicht monumentalen Eindruck, der aber dadurch wiederum abgeschwächt wurde, dass man die Fenster in den 58 Achsen asymmetrisch anordnete. Die Strenge der Rasterfassade kontrastiert mit der ebenso zeittypischen Vorliebe für geschwungene Formen. Sie kommt am deutlichsten in dem Schmetterlingsdach der weit vorgeschobenen Empfangshalle zum Ausdruck. Zum Vorplatz wie zu den seitlichen Parkplätzen hin kragt diese vorn 46,5 Meter breite Konstruktion weit aus und erscheint wie ein ganz

Bahnsteig mit zeittypischer Überdachung

Zugang zur Stadt- und U-Bahn am Bochumer Hauptbahnhof

dünnes Gebilde, das auf der von oben bis unten verglasten Halle zu schweben scheint. In Wahrheit wiegt es 600 Tonnen!

Als Schmetterlingsdächer aus hellem Spannbeton (einer damals noch neuartigen Konstruktionsweise) wurde auch der Wetterschutz über den zunächst drei Bahnsteigen gestaltet. Die Stützen hat man nicht zufällig mit blauen Keramikriemchen verkleidet: Weiß und Blau sind die Stadtfarben Bochums.

Das Gebäudeinnere folgte ebenfalls einem Farbkonzept, das auch die Räume des Hotels einschloss, das einen Teil des für die Bahnverwaltung viel zu großen Hauses einnahm. Hinzu kamen ein Kino (unter dem Namen „Metropolis" ist es heute ein renommiertes Filmkunsthaus und eines der letzten Bahnhofskinos, die noch betrieben werden) sowie ein Café mit wiederum nahezu vollständig verglaster Fassade, das an der linken Gebäudeflanke wie ein gesonderter Baukörper wirkt.

Zum Bahnhofsensemble, das Ruhl wie aus einem Guss gestaltete, gehören auch die Spannbetonbrücken links und rechts des Empfangsgebäudes. Die beiden Ausfallstraßen, die sie überspannen, zu verbreitern und damit leistungsfähiger zu machen, war Teil der städtebaulichen Neukonzeption gewesen, zu der die Verlegung des Hauptbahnhofs gehört hatte. Konsequenterweise stehen auch diese Brücken unter Denkmalschutz.

Einen ersten großen Umbau erfuhr der neue Bochumer Hauptbahnhof Ende der 1970er-Jahre, als auch der südlichste Bahnsteig mit den Gleisen 7 und 8 hinzukam, der deshalb eine andere Überdachung besitzt als die drei älteren. 1979 wurde der U-Bahnhof eröffnet, der unter der Verteilerebene zwei weitere Stockwerke umfasst. Sein zeittypisches Aussehen hat er bis heute weitgehend bewahrt.

Dass in die Schalterhalle ein großer Zugang zur U-Bahn eingebaut wurde, hat ihrer Raumwirkung nicht unbedingt gutgetan. Im Zuge der umfassenden Renovierung des gesamten Hauptbahnhofs 2004–06 hat man versucht, dies etwas zu korrigieren.

Das Empfangsgebäude des Hagener Hauptbahnhofs

HAGEN Hauptbahnhof

Mit seinem hohen Turm und dem Giebel der ebenfalls recht hohen Empfangshalle wirkt er auf den ersten Blick eher wie eine Kirche als wie ein Bahnhof, zumal nur diese beiden Bauteile die Hauptfront bilden. Neobarock angehaucht und teils mit Sandstein verkleidet, repräsentierte Hagens heutiger Hauptbahnhof eine ziemlich konservative Baugesinnung, als er 1907–10 nach Plänen Walter Morins errichtet wurde. Dem örtlichen Kunstmäzen und -sammler Karl Ernst Osthaus, der wesentlich dazu beigetragen hatte, dass die Stadt am Südostrand des Ruhrgebiets damals einige Jahre lang überregional eine Rolle in der Kunstgeschichte spielte, dürfte diese Gestaltung ein Graus gewesen sein. Vergeblich hatte er darauf hinzuwirken versucht, dass Hagen einen Bahnhof in einem seinerzeit neuen Architekturstil erhielt. Immerhin konnte Osthaus erreichen, dass kurz darauf in das große Glasfenster über dem Haupteingang des neuen Empfangsgebäudes das Werk eines von ihm geförderten Künstlers eingebaut wurde: Jan Thorn Prikkers Glasbild „Der Künstler als Lehrer für Handel und Gewerbe". – In der damaligen Debatte um neues Bauen und Gestalten eine programmatische Aussage.

Bahnanschluss hatte Hagen, das damals noch eine Kleinstadt war, erhalten, als die Bergisch-Märkische Eisenbahn-Gesellschaft ihre Strecke zwischen dem heute zu Wuppertal gehörenden Elberfeld und Dortmund errichtete. Ende 1848 begann der Güterverkehr in Hagen, wenige Monate später auch der Personenverkehr. 1859 wurde der erste Abschnitt der Ruhr-Sieg-Strecke von Hagen nach Siegen eröffnet, deren Vollendung man zwei Jahre später feierte. 1910 liefen dann nicht weniger als elf Bahnstrecken in Hagen zusammen. Durch seine topographisch günstige Lage war es zum Knotenpunkt und zur Industriestadt geworden. Angesichts des schnellen Wachstums handelte es sich bei dem neuen Hauptbahnhof bereits um die dritte Stationsanlage an dieser Stelle.

Dass nicht die eigentliche Vorderseite des Empfangsgebäudes als Hauptfront ausgebildet wurde, sondern eine schmale Seite, hatte einen einfachen Grund: Der ausgedehnte Berliner Platz, der sich heute vor dem Bahnhof erstreckt, ist das Ergebnis der schweren Zerstörungen, die auch Hagen im Zweiten Weltkrieg erlitt, sowie der Art und Weise des anschließenden Wiederaufbaus. Ursprünglich war die dem Bahnhof gegenüberliegende Straßenseite durchgehend bebaut, es gab nur einen kleinen Bahnhofsvorplatz, und zu diesem hin wurde der Haupteingang ausgerichtet. Dementsprechend war auch der heute teils etwas schlichte Flachbau, der sich zwischen dem Berliner Platz und dem Gleisfeld erstreckt und in dem sich die Bundespolizei und ein Schnellrestaurant befinden, einst mit mehr Aufwand gestaltet gewesen.

Gedeckte Tische im Wartesaal der ersten und zweiten Klasse des Hagener Hauptbahnhofs, 1914

Nichtsdestoweniger ist der Hagener Hauptbahnhof, verglichen mit seinen „Brüdern" im Ruhrgebiet, relativ glimpflich durch den Zweiten Weltkrieg gekommen. Äußerlich wurde er weitgehend in seiner ursprünglichen Form wiederhergerichtet. Die Rekonstruktion des Tonnengewölbes der Empfangshalle erfolgte allerdings erst 2004–06. Weitere Renovierungen und Umbauten wurden in den 2010er-Jahren vorgenommen. Die pompöse Jugendstil-Uhr des niederländischen Silberschmieds Frans Zwollo, die einst einen Wartesaal zierte, findet man seither in einem Reiseproviantgeschäft, das schon in seinem Namen darauf hinweist, dass es hier etwas „to go" gibt. Den Zweiten Weltkrieg überstanden hat auch die Bahnsteighalle, und zwar als Einzige im Ruhrgebiet. Ebenfalls 1910 eingeweiht, sollte sie eine besonders leichte, elegante Konstruktion sein. Womöglich ist dies auch der Grund dafür, dass die zweischiffige Halle seitlich offen ist und sie daher die Fahrgäste vor Wetter etwas, vor Wind aber gar nicht schützt.

Ungewöhnlich war auch – zumindest für einen größeren Hauptbahnhof –, dass man die Bahnsteige in einer leichten Kurve anordnete. Normalerweise versucht man, dies zu vermeiden, da so besonders große Lücken zwischen Zug und Bahnsteigkante entstehen können. Jahrelang fiel Hagen den Durchreisenden in ICEs, etwa auf der Linie zwischen Berlin und Köln, dadurch auf, dass in den Zügen stets darauf hingewiesen wurde, hier könne an den Zugtüren die unterste Stufe leider nicht ausgefahren werden. Wer dennoch ausstieg, konnte (und kann) noch viel Bemerkenswerteres entdecken als Bahnsteige, die für moderne Züge nicht recht geeignet sind: An allen vier Gleisen in der Bahnsteighalle befinden sich Weichen, Gleiches gilt für einen der drei Perrons, die vollständig außerhalb der Halle liegen. So können auf jedem der sechs derart ausgestatteten Gleise jeweils zwei Züge gleichzeitig abgefertigt werden. Ein Zug kann dann den Bahnhof verlassen, ohne auf den anderen, der an derselben Bahnsteigkante ein paar Meter vor ihm hält, warten zu müssen. Auch das

Jan Thorn Prikkers Glasfenster „Der Künstler als Lehrer für Handel und Gewerbe" im Hagenener Hauptbahnhof

Wegweiser zu den Gleisen 4 und 6

Überholen aus anderen Gründen ist natürlich durchführbar. Diese Möglichkeit zur Doppelbelegung eines Bahnsteiggleises ist eine die Kapazität steigernde Gleisgestaltung, die nicht für Hagen erfunden wurde, aber nur selten anzutreffen ist.

Jenseits der Philippshöhe, die sich westlich des Hauptbahnhofs erhebt, und eine Bahnstation vom ihm entfernt erstreckt sich in Hagen-Vorhalle einer der größten Rangierbahnhöfe Deutschlands. Präziser muss man sagen: einer der größten Rangierbahnhöfe Deutschlands, der (noch) in Betrieb ist und dies auch auf unabsehbare Zeit bleiben dürfte. Diese Prognose hat nicht nur mit der Bedeutung der Anlage zu tun, die in ihrer heutigen Form 1910 in Betrieb ging, sondern auch damit, dass sie erst im Laufe der 2010er-Jahre modernisiert und dabei vollautomatisiert worden ist.

Zwischen Personen- und Rangierbahnhof Hagen-Vorhalle befindet sich das Stellwerk Vof, das von der Hartmannstraße aus zugänglich ist. Es beherbergt ein Museum für Stellwerkstechnik, das von Bahnveteranen und -fans betrieben wird und deshalb nur nach vorheriger Anmeldung besichtigt werden kann (www.museumstellwerk.de).

Haupteingang des Hammer Bahnhofs, der erst seit Ende 2019 „Hauptbahnhof" heißt

HAMM Hauptbahnhof

„Hamm – Stadt der Zugteilung": Mit T-Shirts mit dieser Aufschrift kann man dem westfälischen Ort seine Reverenz erweisen. Tatsächlich dürfte Hamm den meisten Deutschen, wenn überhaupt, deshalb ein Begriff sein, weil hier seit 1998 die ICEs auf der wichtigen Ost-West-Strecke zwischen Berlin/Hannover und dem nördlichen Rheinland in der Regel geteilt oder zusammengefügt werden: Richtung Westen fährt dann die eine Zughälfte durch das (weitere) Ruhrgebiet nach Düsseldorf, die andere durch das Bergische Land nach Köln.

Dass Hamm ein wichtiger Eisenbahnknotenpunkt ist, kann auch der Laie erahnen, wenn er die Station passiert: Mit zwölf Bahnsteiggleisen ist diese als Bahnhof einer 180 000-Einwohner-Stadt (die überhaupt erst 1975 den Status einer Großstadt erreichte) ungewöhnlich groß. Dabei ist Hamm nicht einmal die Hauptstadt eines Regierungsbezirks und verfügt, wenn auch Sitz des größten Oberlandesgerichts Deutschlands und eines Landesarbeitsgerichts, über keine allzu hohe überregionale Bedeutung.

Wer die Gelegenheit des Stopps in der westfälischen Provinz nutzt und aussteigt, kann entdecken: Nicht nur die Bahnsteiganlage ist umfangreich, der Bahnhof von Hamm – der die Bezeichnung „Hauptbahnhof" erst seit Dezember 2019 trägt – verfügt auch über ein angemessen prachtvolles Empfangsgebäude.

Ihren ersten Schienenanschluss erhielt die Stadt 1847 mit der Stammstrecke der Köln-Mindener Eisenbahn-Gesellschaft. Schon nach wenigen Monaten wurde die von Dortmund kommende Trasse wie geplant über Bielefeld bis Minden verlängert. Bis 1850 kamen die von anderen Firmen gebauten Verbindungen nach Münster und über Soest und Paderborn nach Warburg hinzu. 1866 folgte die Strecke via Unna nach Hagen. Noch heute ist Hamm ein Endpunkt der entsprechenden Kursbuchstrecken. Die 1905 eröffnete Verbindung nach Oberhausen-Osterfeld dient hier regulär nur dem Güterverkehr.

Hamms erster Bahnhof blieb zunächst ein mehrfach erweitertes Provisorium. Erst um 1860 errichteten die Köln-Mindener und die Westfälische

Das zinnenbekrönte alte Empfangsgebäude des Bahnhofs. Postkarte, abgestempelt 1913

Eisenbahngesellschaft eine gemeinsame Station mit einem repräsentativen Empfangsgebäude. Äußerlich erinnerte es mit seinen zinnenbekrönten Türmen an eine Burg und ähnelte damit dem in Minden noch immer vorhandenen. Wie jenes ein Vertreter der heute kaum noch anzutreffenden Gattung der Inselempfangsgebäude, lag es zwischen den Gleisen. Diese Konzeption war in Hamm besonders sinnvoll, denn von Anfang an wurde der Bahnhof vor allem zum Umsteigen genutzt.

Mindestens ebenso wichtig wie der Personen- war der Güter- und Rangierbahnhof: Hamm galt als „Güterbahnhof des Ruhrgebiets", eine ab 1883 geplante große Erweiterung erwies sich schon bei ihrer Fertigstellung als unzureichend. Ab 1911 wurden die Bahnanlagen daher im großen Stil aus- und umgebaut, was – auch verzögert durch den Ersten Weltkrieg – fast zwei Jahrzehnte in Anspruch nahm. Nun erst wurden die Gleise hochgelegt, es entstanden je ein großes Bahnbetriebswerk für den Personen- und für den Rangierbahnhof, ferner gab es einen Abstellbahnhof für Reisezüge, einen Ortsgüterbahnhof und natürlich einen Postbahnhof. Mit 9,3 Kilometern Länge und bis zu 430 Metern Breite, einer Gesamtgleislänge von 325 Kilometern und einer Kapazität von 10 500 Wagen pro Tag galt Hamms Rangierbahnhof Ende der 1920er-Jahre als der größte Europas.

Außerdem entstand ab 1916 nach Plänen Karl Hüters das heutige, prachtvolle Empfangsgebäude. Mit seiner schlossartigen Fassadengestaltung und den neobarocken Formen war es stilistisch freilich schon recht veraltet, als es im Oktober 1920 eröffnet wurde. „Provinzzuschlag" nennt man es in der Architekturkritik, wenn bauästhetische Entwicklungen erst mit einer gewissen Verzögerung jenseits der Metropolen ankommen. Beim Empfangsgebäude in Hamm galt dies auch für den geringschätzigen Umgang mit der Architektur des Historismus, eine Unsitte, die schon in den 1920er-Jahren weitverbreitet war: Nachdem das Gebäude, ganz im Gegensatz zum restlichen Bahnhof und zur Stadt, ohne allzu große Schäden durch den

Luftaufnahme des Bahnhofsgebäudes mit den dahinter liegenden Bahnsteigen, 1928

Die Museumseisenbahn am Betriebswerk Hamm Süd

Zweiten Weltkrieg gekommen war, wurde es Mitte der 1980er-Jahre „modernisiert", unter anderem indem man die Stirnwände der Empfangshalle mit Paneelen verkleidete. Zu diesem Zeitpunkt wurden solche rabiaten Entstellungen andernorts schon wieder rückgängig gemacht. In Hamm dauerte es noch eineinhalb Jahrzehnte, bis das Empfangsgebäude weitgehend in seinen Ursprungszustand zurückversetzt wurde. Dies geschah 1999 im Rahmen der Internationalen Bauausstellung Emscher Park.

Wer zur großen Bahnhofsuhr über dem Haupteingang emporblickt, sieht, dass diese nicht wie sonst oft üblich von irgendwelchen allegorischen Gestalten flankiert wird. Vielmehr erinnert links ein Hüttenarbeiter an Hamms Rolle als Industriestandort und rechts ein Bergarbeiter daran, dass hier mehr als 100 Jahre lang auch Bergbau betrieben wurde.

Das ist seit 2010 Geschichte, und auch die Bahn hat ihre Position als ganz großer Arbeitgeber eingebüßt: Neben den Betriebswerken zur Unterhaltung von Lokomotiven und Triebwagen wurden auch die Anlagen für den Güterverkehr drastisch reduziert. Der Hammer Rangierbahnhof ging in seiner bis dahin bestehenden Form zur Jahreswende 1998/99 außer Betrieb, übrig blieb zunächst nur ein regionaler Zugbildungsbahnhof mit einem Bruchteil des früheren Wagenaufkommens. Die Deutsche Bahn AG nutzte viele Gleise, um hier ausrangierte Fahrzeuge abzustellen, ließ aber auch dutzendweise Gleise stilllegen und denkt wie auch andernorts in der Republik über eine anderweitige Verwertung der freiwerdenden Flächen nach.

Die Erinnerung an das, was nicht nur hier einst war, hält seit 1977 der Verein Museumseisenbahn Hamm e.V. wach (www.museumseisenbahn-hamm.de). Er verfügt, nicht zuletzt durch die Übernahme der Exponate des 2011 aufgelösten Westfälischen Eisenbahnmuseums Münster, über eine umfangreiche Fahrzeugsammlung. Und er ist alleiniger Betreiber der Strecke vom Bahnhof Hamm RLG (auch „Hamm Süd" genannt) nach Lippborg-Heintrop. Fahrten mit historischen Loks und Wagen finden aber auch im Netz der Deutschen Bahn statt.

Abbildungsnachweis

Adobe Stock: 2 (hanohikl), 21 (Gabriele Rohde), 25 o. (Calado), 42 (Rolf Dräger), 48 (asafaric), 71 o. (dedi), **akg-images**: 138 (euroluftbild.de/Robert Grahn), 152 (picture-alliance/dpa), 154, **Eisenbahnstiftung Joachim Schmidt**: 44 o. r. (Joachim Schmidt), 65 u. (Karsten Risch), 98 (Joachim Schmidt), 125 o. (Reinhold Palm), 140 (ZB/euroluftbild.de/Daniel Reiter), 150 (Carl Bellingrodt), 175 o. (Hansa-Luftbild), **Elsengold Verlag**: 16, 20, 52 o. l. (Jürgen Grothe), 28 o. l., 28 u. l., 30, 34, 35 o., 38, 39 o., 44 u. l. (T. Krajzewicz), 51, 52 u. l. (T. Krajzewicz), 52 u. r. (T. Krajzewicz), 60, 61 o. (T. Krajzewicz), 62 (T. Krajzewicz), 64, 64 o., 67 (T. Krajzewicz), 71 u. (T. Krajzewicz), 76, 88, 92, 96, 97 o., 116, 120 ,122, 124, 128, 129 o., 132, 133 o., 137 o., 144, 158, 162, 166, 170, 174, **picture-alliance**: 36 (Bildagentur-online/Klein), 70 (ullstein bild/T. H. Voigt), **Wikimedia Commons**: 6 (Martin Kraft), 12 (Clic), 14 (Anaconda74), 17 o. (Jürgen Howaldt), 17 u. (Godewind), 18 (Clic), 22 (hh_oldman), 24, 25 u. (IngolfBLN), 26 (Bahnfrend), 28 o. r. (Fred Romero), 28 u. r. (Pauli-Pirat), 31 (Fred Romero), 32 (R. Bajela), 35 u. (Helge Hoifodt), 39 u. (Falk2), 40 (Igge), 44 o. l. (Roehrensee), 44 u. r. (kaffeeeinstein), 47 (Kallerna), 50, 52 o. r. (Gerd Danigel), 46 (IngolfBLN), 54 (Fred Romero), 56, 57 o., 57 u. (Fred Romero), 58 (Ansgar Koreng), 61 u. (IngolfBLN), 66 o. (Roehrensee), 66 u. (C. Suthorn), 68 (A. Savin), 72 (Falk2), 74 o. l., 74 o. r. (Alexander Migl), 74 u. l., 74 u. r. (Falk2), 77 (Monster4711), 78 (GDFL), 80 (Maksym Kozlenko), 82, 83 (Ad Meskens), 84 o. l. (Rolf Dietrich Brecher), 84 o. r. (Christian Gebhardt), 84 u. (Ad Meskens), 86 (KilianPaulUlrich), 89 o. (IngolfBLN), 89 u. (Bybbisch94), 90 (Falk2), 93 o. (Falk2), 93 u. (Lord van Tasm), 94 (Schlockerwitz), 97 u. (LezFraniak), 100 (Ralf Roletschek), 102, 103 o. (Falk2), 103 u. (Dietmar Walberg), 104 (Markus Schüller), 106 o. l., 106 o. r. (GraphyArchy), 106 u. l., 108, 109 (Radoslaw Drozdzewski), 110 (Raymond Spekking), 112 (Peter Stehlik), 113 u. (Offenbacherjung), 114 (Berthold Werner), 117 o. (Reinhard Dietrich), 117 u. (Martin Kraft), 118 (Jorge Franganillo), 121 o., 121 u. (Thomas Pusch), 126 (Nikolai Karaneschev), 129 u. (Hugh Llewelyn), 130 (Georg Wasmuth), 133 u. (Nordbadenser), 134 (Harke), 136, 137 u. (Ralf Roletschek), 142 o. l., 142 o. r., 142 u. l. (D. Fuchsberger), 142 u. r. (Amrei-Marie), 145 (GraphyArchy), 146 (SB68Manm), 148 (Rufus46), 151 o. (Karlunun), 151 u. (Edda Praefcke), 152 u. (AnRo0002), 155 o. (Gerd Eichmann), 155 u. (Gerd Eichmann), 156 (Muck), 159 o. (Rembert Satow), 159 u. (Ursula Jünger), 160 (Raymond Spekking), 163 o. (Karlheinz Uhle), 163 u. (AK-Bino), 164 (GDFL), 167 o. (Uwe Rohwedder), 167 u., 168 (Klaus Ehlers), 171 o. (Hpschaefer), 171 u. (Klaus Bärwinkel), 172 (Anirban Chakraboty), 175 u. (Jardin de flores)

Karte: © Bundesamt für Kartographie und Geodäsie, Frankfurt am Main